记者不写新闻

南方都市报新闻人的麻辣手记

南方都市报深圳新闻部
陈文定 ■ 主编

现实中没有童话
不想惯坏祥林嫂
一条狗的符号意义

江湖在哪里
女光棍过节
人人都需要一个梁文道
说自己有文化的都没文化
每个人心中的泼水狂欢

群体核聚不应成为个体悲剧
谁为穷人规划
被宠坏的地产商
潘石屹偷爬二线关
历史遗留问题是个什么问题?
经济学家抄与叛
麦当娜的画像

高官效应
90后别嚣张, 00后已经来了

中央编译出版社
Central Compilation & Translation Press

序言

记者的感想就是我的感想

梁文道

俄罗斯名记者安娜·波利特科夫斯卡娅在她的遗著 *Nothing but the Truth* 里面，有一句话写得既自大又自伤，她说："在巴黎，没有人对我吼叫，没有人跑过来刺激我，也没有人说我是叛徒。每个人都崇敬我。"这句话伤感，是因为她在祖国受到的对待正是一连串的威胁和侮辱。只有到了国外，她才能感到一份记者的荣耀。然而，这句话也是自负的，因为她不只没把同胞的辱骂当成自己的失败，反而还用它们证明了自己干的事果然是对的。后来，安娜被人枪杀，倒在莫斯科一栋公寓的楼梯上。

历史不乏这种记者的典型：勇敢无畏，不只对权力说真话，还要对被权力笼罩和洗脑的读者说真话，终致应了那句老话，成了一个在祖国不受欢迎的先知，遭人敌视，为人唾弃，甚至以身相殉自己所坚持的真理与正义。我想象他们在新闻史上的地位就和古老传说里的英雄一样；小孩子会在火堆旁摇着老爷爷的手说："我还要听，再说一个他们的故事吧。"于是老人再说，一个名字又一个名字，那些死者的名字，那些英雄的名字。

安娜与她的前辈共同构筑了一座宏伟的殿堂，奠定了我们所知的新闻事业之神圣体系。有多少年轻人最初想当记者就是为了成为这个体系的一部分？他们不一定想也不一定能做得成烈士，但至少要是这个体系的一员，景从先人之道，遵奉并且实行着坚定、勇敢、细致和认真的美德。然后呢？然后绝大部分人却都平庸地老去，甚或偶而收点小钱做点帮闲，客串权力的喉舌，说权力爱说的话；也许会有聊发少年狂的时候，顶一回压力，少说几句谎话，顿时便自我感觉良好了不少。

这没有什么可悲的，这是现实。

任何行业、任何角色的光环都只来自塔尖少数人的兀自闪亮，被这光芒吸引而来的，最终往往都只能埋身在那暗夜里无光但是巨大的塔身，支撑起一座小小的塔顶灯光。

曾经，我很怕看见时下记者写的采访感想和职业心得，因为不知从何时开始，他们流行自称"小记"，把自己放得很低很低，不只仰视他们采访过的大人物，还要仰视他们亲历的一切事件(哪怕是一桩历史性事件)。这种自甘卑微的形象实在与我们所知的传说英雄相去太远；而且他们写的那些东西又是这么的细琐，这么的凡常，没有任何惊人的戏剧效果，更谈不上发人深省。

序　言

　　年岁渐长，我才知道"小记"这个自称不是没有道理的。世界如此无味，我们大部分人过得如此庸碌，谁有资格要求那些每日观察世界，天天跟踪吾辈生活的人应该要活出英雄的气慨呢？渐渐地，我看懂了那些小小的感慨。这些年轻的作者背负了社会期盼的重担，然后一头栽进黑暗的泥沼，试图有所作为，但常常只能落得无奈如你我，奔走在随时变动的墙壁之间，进退于怎么也看不透的迷雾阵中。他们的感慨，在某种意义上，也是我们的；有时欣喜，就像我们也曾体验过的难得喜悦。既然记者算是我们的代表，替我们看见我们不一定都能亲眼看见的世界，帮我们说出一些不一定有人要听的小小抱怨，所以他们的挫折和困惑，我们也就不难领会了。如今我仍然仰慕英雄，但我更能认同那些和我很像的凡人。

好记者都有一副好下水

王小山

在中国,工作有两种,一种是在南方都市报工作,一种是在南方都市报以外的地方工作;在南方都市报,工作有两种,一种是做记者,一种是做编辑、主任、总编辑……有那么一批人,已经在做世界上最好的工作,还不安生,想破脑袋多做一些,这些人,就是本书的作者们。

简单地说,一批一线记者,放下"屠刀",写新闻以外的文体——其实,这没有什么可期待的,固然有很多作家出身于记者,但文笔好坏并不是判断记者好坏的标准,好在,这些人拥有真诚,他们的文章,给我最大的感觉就是这两个字。

好记者未必有一支好笔,但一定有一双好眼睛,一副好下水——我是说好肝胆。有理想的记者未必能成为好记者,但没有一点理想主义精神的,一定不会是好记者,尤其是在南方都市报,缺了这个,会没有立足之地。

综上,你手里捧着的这本书,是由一批充满朝气、充满理想的年轻记者撰写的非新闻类稿件,可能是一个故事,可能是一个人,可能是一种心情,可能是一个角落,甚至只

序　言

是改变了一下看这些东西的角度。他们放弃了平素采写新闻的近乎苛刻的严谨，开始抒发自己。

他们是南方都市报深圳记者站群体，30年来，深圳一直是中国之最，最前卫也最落后，最富庶也最贫困；前卫的思维，落后的管理，富庶的商政，贫困的打工人群……浓缩华夏，在这座城市做记者，拥有的是和任何人都完全不同的人生。

从这些年轻人身上，你或许得不到未曾有过的感悟，但一定会有未曾体验的经历。我们都不是记者，不可能像他们一样每天都和从未见过的人打交道，每天都遇到从未想过的事情——他们把自己的人生片段挥洒给我们。

我实在想不出还有什么人能比记者经历更多，在我从事过的十多种工作中，记者也是我自己最满意的一份，那个时候，还有青春，还有汗水，还幻想着自己有足够的未来。

我曾经是个杂文作者、专栏作家、一线记者，也曾书生意气，也曾挥斥方遒，走遍华夏，踏过五洲。现在已经老了，安于朝九晚六，在办公室忙忙碌碌的日子，可我想，终究还会有一天，和本书作者们一样，再梦天边之外……

出入于垃圾成山的世界

张晓舟

1995年春天,我进入刚刚创办的《南方都市报》的时候,南方报大院内就有一个大坑,此后十多年过去,那个大坑一直在,但到了2009年,当我告别这个大院时,一幢新楼刷的窜起来。巨变,总是不知不觉间完成的。

2009年秋天的一天,我办完离职手续走出大院,回头看了一眼,忍不住笑了:在这儿,我留下了十几年的青春和数以百万计的文字垃圾,埋在那大坑里。

作为一个媒体人,我有时不免会想:在我死后,墓志铭上应该写着:这里埋着一个制造了数千万文字垃圾的人。

杜鲁门·卡波特曾经如此赞美弗吉尼亚·伍尔芙,"就听觉而言,她不曾写坏过一个句子。"而约翰·巴斯又曾经称誉卡波特的《蒂凡尼的早餐》——"不可易一字"。一想到这个,我就满心惭愧。

这就好比一个屠户,最要紧的是磨好一把快刀,而对于刀下汹涌澎湃的肉块,既没工夫鉴赏,也来不及向它们道歉了。

新闻之所以新,恰恰因为它是速朽的。因此记者是一个跟死神赛跑的职业，但他写下的东西，不管写得有多么汹涌澎湃，可能第二天就尸横遍野了。尤其是在资讯爆炸的网络时代、手机时代，新闻刷新越快也就越速朽。或许你辛苦采访所得，仅仅是给人们提供了一丁点转瞬即逝的谈资而已。

但不可救药的新闻理想主义者总是少不了的，有时候，"南都"这两个字似乎就意味着"新闻理想主义"。比如，有些"和死神赛跑"的记者，可能真的能帮助人们从死神那儿抢回生命——至少是抢回生命的尊严。

倒不是说南都记者就活该是一副苦大仇深的悲壮模样，做英雄的机会毕竟是极少的，一个普通记者的常态生活基本上仍然是垃圾成山的生活，因为这个世界终究是垃圾成山的世界。你呼吸着城市的肮脏，你忍不住想逃离，却又深陷其中不可自拔，也许这既不是爱也不是恨，一个记者能做的就是日复一日走进这个垃圾成山的世界。

但你也可以不时走出来，饮杯茶。这本书，就是一班生活、工作在深圳的南都记者的一场茶会。当然，茶杯里也可能犹有风暴。

广州大道中289号，南方都市报大院对面高楼林立的珠江新城，也许就是南都15年的最好见证。15年前，珠江新城只是一片荒地，每天深夜编完报纸后，当时的主编关健会带大家走过马路去吃宵夜，如今他在另一个世界每天喝早茶读南都。那时候的珠江新城老鼠出没，垃圾成山。当年我宵夜之后不经意的一泡尿，也许浇灌了你今日每平米两万的豪宅……当我睁着血丝通红的火眼金睛，会恍然觉得有一头猛兽潜伏在荒芜的午夜深处。

是千万人的呼吸让这头猛兽渐渐成形。15年，南都犹少年。

目录

第一章　水煮现场

说自己有文化的都没文化	2
贫贱夫妻	5
正生书院的孩子们	7
一条狗的符号意义	10
赌场凶猛	13
女大学生的挣扎与妥协	16
金大中病逝前日　我在青瓦台	20
不要利用我心底的善意	22
玫瑰与猪头	25
楼顶的绝望与博弈	29
梦醒时分	32
大火烤熟小土豆	35
笼屋中的阳光	37

第二章　采访那些事儿

一个村委会为何牛气冲天	41
被宠坏的地产商	44
过五关　潜入航天城	47
算账记	50
新闻做不完　读书有新欢	53
媒体人的咖喱餐	55
人性中有股不可捉摸的东西	58
直面他人之不幸	61
欠倪顺义的良心账	64
谁在耽误新闻的保质期？	67

第三章　给名人卸妆

人人都需要一个梁文道	71
独爱残荷的倔强	75
跑得快的香港金王	78
作家与读者的浪漫距离	81
经济学家炒剩饭	84
书中的人　对面的人	87

一蕉掷出的老年福利　　　　　　　　　　　　90
不老的红颜　　　　　　　　　　　　　　　93
学了一个新词"腐女"　　　　　　　　　　　96
郎朗的父亲曾逼他自杀　　　　　　　　　　99
王石的肾　　　　　　　　　　　　　　　　102
读不懂的张朝阳　　　　　　　　　　　　　104
潘石屹偷爬二线关　　　　　　　　　　　　107
整蛊周星驰　　　　　　　　　　　　　　　110
沙滩"艳照门"会让天塌下来吗？　　　　　　113

第四章　江湖在哪里

生命中不能承受苦难之重　　　　　　　　　117
历史遗留问题是个什么问题？　　　　　　　120
每个人心中的洪水猛兽　　　　　　　　　　123
巨奖骗局，不能说的秘密？　　　　　　　　125
搜狐、迅雷掐架，IT精英们导演的一出闹剧　128
我能想到的最浪漫的事……　　　　　　　　131
他们为何说起性话题来不脸红　　　　　　　133
群体标签不应成为个体悲剧　　　　　　　　136
江湖在哪里　　　　　　　　　　　　　　　139

红裤子出身的自豪 142
保密 145
通货膨胀很凉,资产却很热 148

第五章　欲望都市

谈谈性,说说爱 152
他只是爱好不同 154
恐怖的甜蜜 157
现实中没有童话 159
儿时思尽六朝春 162
女光棍过节 165
不想惯坏祥林嫂 167
32岁处女尴尬似做贼 170
80后的我们,要做恋爱的犀牛吗？ 173
那点老土的悲哀 176
海啸来袭,吃面度日 179

第六章　生活秀

我的工作决定他的生活 183

我愿长醉不愿醒 186
幼时过年有三"盼" 189
就是这样 192
窃"开心"不为偷 194
人性的弱点 197
实习生生存之道 200
16年前,我创造的不是人体 203
金融风暴中我们深度节流 207
现在的房价有多少白领承受得起 210
幸福感和数字无关 213
对话的真实 216
噢,那该死的拖延症! 219
论模范夫妻的倒掉 222
麦当娜的画像 225
阴谋论患者 228
90后别嚣张,00后已经来了 231

第七章 双城记

地铁座位的故事 235
谁为穷人规划? 237

丈母娘们，深圳多金的女婿还很多	240
过往	243
高官效应	246
最年轻的爸爸，最无助的心	249
违建为什么爱玩"躲猫猫"	252
与的哥的聊天生活	255
"房事"过度的后遗症	258
关于默哀	260
你把深圳当家园了吗？	263
为人开门的乞者	266

南方都市报

第一章 水煮现场

现场水深火热,我们赴汤蹈火,记录电光火石一瞬,做你的耳目。

说自己有文化的都没文化

"读书是一件很安静很私人的事情,如果你喜欢读书,读过很多书,不要讲出来,如果你会画画,会假几行诗,也不要说出来,"长着一双半眯眼睛的陈丹青慢悠悠地说道,他不是读书人,读书不是用来炫耀的承情。

2009年11月,有缘采访了读书沙龙坛,这个和我父亲差不多年龄的人坐在我的面前,不到两个小时的讲话够劲。他吸引人的地方除了他的画,他跟脏腔调、一种毛曲的音练。于我前言,最多的是低调的谦虚。"明明是牛×的人,可人家就是不说自己是读书人,不认为自己是大家"。"在陈丹青看来,这是一种教养。相反,他周围结识了一些新朋友、动不动便说"我是读书人,骚塑家的"。"我是读书人,搞的",说害无心,他可是带这些新朋友们郁闷不已。

陈丹青说,现如今有许多人将"读书人"看敬一种身份,就像名片上印的"处长"、"厅长"一样。不知什么时候起这东成了一般风气。他说陈丹青储近20种语言,可是陈丹青恰在膨胀的时候通常只见2种语言,不到非用不可的时候,你都不会知道他懂日语、法语等多种语言。

若国陈丹青的这个标准来衡量,近几个月来我见到的某些作家便显得有些没有涵养了。记得11月的某个下午,我接开那篇题往采访地点的门,来见其人,先闻其声,只听见传来:"我这本书不仅比上一本的劲张,内容上有一些突破,文本写作也比上一本好"。待我就过神来,才突然瞥有的记者挺坐在一旁,问"今天这气场不对劲!"诉对方自身自强。做过主持人、策划人……她也太了解媒体需要什么样的新闻点了,什么第一、什么"点、什么突破,不用你问,对方自己会主动说,通通告诉你。我在心里踌躇地想:"今天这气场不对劲!"

我想说,遇上这样的采访对象,我应该保持沉默才好,都留了我主问问题了,可受了陈丹青的影响,里面在想"有书"也不要太高调呢。你够看有一句经典名言,"真正有气质的淑女,从不炫耀她所拥有的一切,她不告诉人她读过什么书,去过什么地方,有多少件衣服。买过什么珠宝,因为她没有自卑感"。也许每个人都曾有过慕虚荣的心理,真正地顿悟到没有自卑感是一件很难的事情,但有些话从别人口中说来才是褒扬,自己说出来便变了味道,"她说,"真正的才华如火焰般难以隐藏,总会燃烧"。

说自己有文化的都没文化

"读书是一件很安静很私人的事情,如果你喜欢读书,读过很多书,不要讲出来;如果你会画画、会做几行诗,也不要说出来。"长着一双牛眼睛的陈丹青慢悠悠地说道,他不是读书人,读书不是用来炫耀的事情。

2009年11月,有幸采访了读书月论坛,这个和我父亲差不多年龄的人坐在我的面前,不到两个小时的讲话够劲。他吸引人的地方除了他的画,他幽默犀利、一针见血的言辞,于我而言,更多的是低调的谦逊。"明明是很牛×的人,可人家就是不说自己是读书人,不认为自己是大家。"在陈丹青看来,这是一种教养。相反,他回国后认识了一些新朋友,动不动便说"我是读书人,雕塑系的","我是读书人,画画的"。说者无心,他可是替这些新朋友们害臊不已。

第一章　水煮现场

陈丹青说，现如今有许多人将"读书人"看做一种身份，就像名片上印的"处长"、"厅长"一样，不知什么时候起这形成了一股风气。他说陈寅恪懂近20种语言，可是陈寅恪在填表的时候通常只填2种语言，不到非用不可的时候，你都不会知道他懂日语、法语等多种语言。

若用陈丹青的这个标准来衡量，近几个月来我见到的某些作家便显得有些没有涵养了。记得11月的某个下午，我推开那扇通往采访地点的门，未见其人，先闻其声，只听见传来"我这本书不仅仅是上一本的延展，内容上有一些突破，文本写作也比上一本好"。待我恍过神来，才发现所有的记者都坐在一旁，静听对方自吹自擂。做过主持人、策划人……她也太了解媒体需要什么样的新闻点了。什么第一，什么特点，什么突破，不用你问，对方会自我缴械，通通告诉你。我在心里暗暗地想："今天这气场不对呀！"

按理说，遇上这样的采访对象，我应该很高兴才对，都省了我去问问题了。可受了陈丹青的熏陶，心里总在想"打书"也不要太高调吧。亦舒曾有一句经典名言，"真正有气质的淑女，从不炫耀她所拥有的一切，她不告诉人她读过什么书，去过什么地方，有多少件衣服，买过什么珠宝，因为她没有自卑感"。或许每个人都曾有过想炫耀的心理，真正地做到没有自卑感是一件很难的事情,但有些话从别人口中说出来才是表扬,自己说出来便变了味道。亦舒说,"真正的才华如火焰般难以收藏,总会燎原"。

吕 婷

贫贱夫妻

他俩一定没看过《等待戈多》，可他俩简直是贝克特最忠实的演绎者。

小区里，没有人不知道这对夫妻。日夜间，哭喊、号叫、打骂从窗户传出，骚扰着每一双耳朵。刚来时，他们一同拾柴，男人在前拉车，女人在后帮扶；过了一年多，两人换位，虚弱的男人在后头小心跟随，却逃不过挨打；再过了一年多，男人愈显苍白，不再下楼，听说脑中长瘤，瞎了。

号叫却不绝，人们猜测着男人的不幸、女人的恶毒。与小区的人熟络后，开始我漫长的蹲守。前四夜寂寞，责骂总是在隐约的哭声中戛然而止，第四晚听见女人对邻居说："这几天我不打，听说有记者要来采访我。"刹那崩溃。

隔了半月，2009年4月21日，我下了决心，要直击毒打现场。与他俩一墙之隔的屋子两年没人租了，都嫌太吵，找熟人带路，花10块钱即可入住。墙上四下贴着些黄色小说，屋里只有张破床垫。定了凌晨4点的闹铃，醒来时，女人果然正要出门拾柴，轻骂几句后即离去。

昏睡，直到7点，女人回来———几声惊雷把我从床垫上掀起，男人在嚎哭，机会来了。门没关，拿着DV笔直走进去，屋子狭小，3年来的情绪在逼仄的10平方米里持续发酵。镜头对准刚停手的女人，"你为什么要打他"？女人镇定："我真是没办法，让他煮饭不煮，洗衣不洗，老是浪费我时间，对我们这行来说，时间就是钱啊！"

收敛起我肆意的介入，这才是他们真实的生活，日复一日，没有红尘滚滚，却铺满底层的辛酸。

女人说，他若死了，我不会改嫁。男人说，打吧，她痛苦我知道，打了好受点就行。

湖的北边，来双扬操起菜刀，对准鸭脖子，池莉把她写成生活秀；湖的南边，女人举起砍柴刀，用刀背拍打丈夫，在连串的号叫中，踏着生活的高速履带，连滚带爬前进。

叶　飙

正生书院的孩子们

"摸奶门"闹得沸沸扬扬时,不自觉地想起正生书院的孩子们。

2009年6月底,在驶往香港正生书院的船上,小心翼翼地问书院的张姑娘:"关于孩子们的过去,可以问他们么?"张姑娘毫不犹豫地答道:"什么都可以谈,你随便问。"担心并非毫无道理,正生书院的孩子都有一段被正常观念认为是"不光彩"的过去,滥药、打架、偷窃……多数孩子犯事后被香港法庭或感化官送到这座位于香港芝麻湾半岛(香港偏远离岛)的正生书院,接受两年的教育。

这座书院最近成为舆论的中心,这间有点特殊的学校,在争取搬入香港梅窝一间空置的校舍时,遭到了梅窝居民的强烈反对,从而引起了一场风波。但让人意外的是,在这场风波中，社会舆论都明显倾向于正生书院一方，连香港特首曾荫权也明确表示支持正生书院，支持这些曾经犯错的孩子，媒体甚至将正生的同学称为香港青少年的典范。

正生的校长陈兆焯对此很自豪，"正生学生的表现证明，他们自信、勇敢、忍耐、坚持、负责、和平、理性，无论在内地还是香港，人们都希望自己的下一代会成为这样的人。"

"我们要求同学们首先要正视自己的过去，你随便问问，哪个孩子会逃避你的问题？"陈兆焯明确说，任何问题都可以问。但在面对这群90后的小孩，遣词仍然很谨慎，"你以前碰过那样东西（即毒品）？""你话吸毒啊？是啊，最严重那次差点死了。"相对我的小心翼翼，16岁的阿明反倒显得落落大方，眼睛明亮，表情淡定。

他们认为，无论是否"光彩"，那都是自己生命中的一部分，正面过去，才能让未来不会走同样的弯路，尽管那段过去很"憨居"（傻），但也只是摔了一跤，重新爬起来了，可以再继续前进，"对于他们来说，宽恕，然后帮助他们继续走人生路，才是教育的目的。"陈兆焯这样说。

这种宽恕所散发出来的力量，让这些曾经被定性的"坏孩子"变成了香港青少年的典范。相比之下，"摸奶门"发生后，那句"集体杯葛慈溪职高学生"格外刺眼，这群90后犯错了,但并不代表他们走到了末路,什么时候可以少点这种暴力的指责,多点正生式的教育?

石秋菊

一条狗的符号意义

宠爱也好，杀戮也好，不会有人去征求一条狗的意见。
2009年3月10日，那条为同伴守尸六小时不吃不喝的情义犬，再次成为动物界中忠诚的代名词。一位爱狗的朋友问我，当看惯人性百态开始变得麻木之后，需要从狗的身上去重温纯真的情感，学会以真诚和忠义待人，这是不是一件可悲的事情？我说那些美好的本性其实一直都埋藏在人内心的最深处，只是需要被激发唤醒引起共鸣。忠诚和情义的化身，这些都是人给它添加的一种符号意义。
在经历和同伴的生死离别后，那条义犬开始逐渐重归正常的生活。代为领养义犬的巡防队支队长说，除了偶尔的情绪低落外，义犬已经恢复进食，偶尔还和巡防队里的两只同类嬉戏。只是听闻的人们纷纷前来看望，有的还想高价领养。有人想领回家当宠物，有人想用它来看家。

养过狗的人大多对狗有很深的感情，小时候为了外婆家一条被人毒死的狗，我曾伤心了一个礼拜。童年的印记一直影响到现在，以至于成为一名记者后，我还经常主动去选择一些狗的题材，不过采访的经历总是令人不快。

在梅林关附近的一家地下屠狗场里，近百条狗被关在铁丝网围成的院子里，旁边是用汽油桶盛满的开水和一地的狗血。不时地有同伴被挑出在附近宰杀，以至于狗都出现了条件反射，看见有人靠近就纷纷往角落里躲，眼神里充满了恐惧。在曝光这些非法的地下屠宰场的同时，我也在想，消费决定生产无法改变，只要有吃狗的人存在，这种场面无止休。

人对事物的不同认识在狗的身上格外明显。中国的生肖纪年中有狗年，而埃及人自认为是天狼星的后代，崇拜神的形象也是狗面人身。在抽象化的想象空间里，狗似乎是一种正面的化身。而在人类的语言中，狗却基本上以负面的形象出现。脏话中用到狗字的地方自是不必细说，狐朋狗友说的是交友不慎，狗仗人势比喻借恶作乱，狗皮膏药是假冒伪劣产品的代名词，狗追耗子多管闲事，狗嘴里吐不出象牙，诸如此类，不胜枚举。

从被驯化驯养到现在，狗与人类共存至今。只是经过从漫长的农耕时代而迈向工业社会的转变中，狗的功能产生了巨大的改变，从最早的看门护家，到后来的宠爱玩物。之前被广泛认可的描述被加以戏谑的后缀，一位知名网友半开玩笑说，狗是人类的好朋友，因为他们的肉很好吃。

　　宠爱也好，杀戮也好，不会有人去征求一条狗的意见。我常想，狗眼中的人类世界到底是何种面目。如果有一天人类和狗的世界互换，它们成为地球上的统治者后，又会选择什么样的方式去对待曾经的主人。

郭启明

第一章　　水煮现场

赌场凶猛

　　如果不是一名便衣民警手脚麻利，说不定此时我和同事正在病床上疗伤。2009年8月26日，在暗访的哥聚赌现场并报警后，三名光头的看场马仔，手拿60公分长的砍刀向我们冲来，但随后被一名持枪的便衣民警拦截，当场制服。回程路上，想起余华写在某本小说前言中的一句话，生活原本比小说更精彩。

　　采访完那名因欠赌债被绑架，30小时后被警方解救的的哥后，当天下午，我决定去暗访聚赌的现场，取证完毕后报了警。就在几名便衣民警赶到抓捕的同时，我和摄影下车记录这一刻。随后，三名看场的马仔从外围冲过来，手持60公分长的砍刀。我和摄影拿着设备，在人群中显得尤为惹眼。三人二话不说，举刀向我们冲来。拔枪、呵斥，几名便衣民警发现后冲上去,立即将三人制服,那时,三名马仔距离我们不到两米。

当天晚上完稿后去黄贝派出所做笔录,指认持刀的犯罪嫌疑人。一名办案民警半开玩笑说,明知道警察抓人还自投罗网,足见有勇无谋。持刀马仔固然凶猛,"拿人钱财,替人消灾",他们也只是赌博团伙链条的下层一环。较为遗憾的是,在两次抓捕行动中,的哥们纷纷指认的赌场老大钟学斌都侥幸得以逃脱。

对跑突发新闻的记者来说,"靠天吃饭"似乎已经成为一条颠扑不破的真理。连续两个月的高温,让报料热线冷了不少。一同事戏言,"7月份的尾巴,是狮子座,8月份的尾巴,是没有料做。"但过多的表面性的突发事件让人忽视了事件本质,丧失欲望去深究到底为何。的哥聚赌现象由来已久,要不是这两次的抓捕,不知道有多少人会关注聚赌人员中为何频现的哥身影。

在这个看似风平浪静的月初和月末,两个与的哥有关的事件都恰巧被我碰上。而对比两个事件,也同样充满了戏剧性。还记得月初那名被劫匪绑架到山上,后被警方解救的的哥谭力吗?现在他已经继续工作,这一刻也许正搭载着某位客人在道路上穿梭。而因为聚赌被绑架后获救的的哥张师傅,还在和妻女一起,呆在宾馆里躲避仇家。

事后,不少的哥闻讯前往派出所,指认赌场经营人员,痛陈自己身染赌瘾的遭遇。有人卖车还债,有人悄然还乡。控诉赌场害人不浅的声音中,却很少有人能反省自己。明知赌场凶险,为何在面对暴利的巨大诱惑时,却失去了原本的质朴和理智?

郭启明

女大学生的挣扎与妥协

从天之骄子到家政工,一纸合同的距离。女大学生们作出这样的选择,内心有怎样的挣扎与妥协?2009年2月中旬,深圳一家家政公司,从湖南一所翻译学校招聘来了30名英语专业的女大学生,签订了试用合同后,她们的新身份将是"儿童家教",按照家政公司的规定,进入雇主家庭后,她们不仅要辅导孩子学习,还要做力所能及的家务,比如做饭、收拾屋子。

高跟鞋,职业套装,利落刘海和时髦的发型,这些女大学生似乎已做好了成为白领的准备。她们告诉记者,这身行头是找工作时买的,但工作并没有前两年师兄师姐那么好找,她们向往的外贸行业普遍不景气,招人的少,她们每次去招聘会,回来都会大受打击,因为那些公司都要招有工作经验的，对此大学生小刘很气愤："不给机会，我们怎么能有经验？"

在家政公司召开的媒体会上，面对媒体的长枪短炮，还有一个个尖锐的问题，大学生们很拘谨，有的刻意避开镜头，把脸朝向墙壁。在家政公司的安排下，镜头前，她们站在了砧板旁学做饭。虽然按照她们的话来说，农村出来的孩子没有不会做家务的，但她们仍不确定，"儿童家教"的工作是否必须包括给雇主做饭、做家务，有大学生问："难道'儿童家教'就是佣人吗？"

也许，当学校"分配"她们到深圳来时，她们只知道是做"儿童家教"，只知道这份工作属于家政行业，要照顾孩子。对于第一份工作，她们充满热情，在接受采访时再三表示，她们喜欢孩子，而且有信心能辅导好孩子，特别是在英语方面，但她们没有把这份工作与"保姆"画上等号。可当天周围人传递的信号，比如家政公司说待会儿雇主会来"挑"人，比如媒体问她们是否介意照顾卧病在床的老人，让她们隐约觉得，原来其他人把这份工作与"保姆"画上了等号，顿时没了主意，要不要继续下去？

接受完媒体采访后，这些女大学生如何与家政公司沟通，我们不得而知。当天晚上，部分人跟家政公司签订了合同,有人选择离开。这些大学生,大多出身农村,家里还有兄弟姐妹,家境并不太好。一名女大学生跟记者联系时伤感地说,她心情很复杂,自己想找一份更好的工作,因为父母供她读大学花了很多钱。可是她思前想后,还是决定跟家政公司签订合同,"要把学历看低一点,毕竟养活自己最重要。"她说,促使她做这个决定的,还有在深圳没有熟人,离开家政公司,不知道去哪里,她听说深圳骗子很多,怕走出去外面全是陷阱。

女大学生做家政的消息见报当天,十多个市民打电话到报社,说想找一个大学生做孩子的家教。第二天,深圳一家小电子贸易公司的老板给报社打来电话,说想招这批大学生中的一两个人。这位老板坦言,他们公司很小,只有十多人,而且能提供的工资比做家政高不了多少,"但这里,有很多学习的机会"。

这位老板说,他看了报道,很欣赏这些大学生的勇气,能够放低姿态做家政,这种勤恳的态度很难得。他的公司需要一两个会英语,懂办公软件的助理,所以,如果这些大学生具备这些条件而且愿意,他可以给她们机会。这位老板还提醒说,希望这些大学生考虑清楚能否胜任,他们需要的是能做事的人,别到时候两边都落空了。

第一章　水煮现场

当记者将这些情况告诉家政公司时,家政公司的人力资源总监爽快答应了,让这位老板直接和他联系。但他说自己也有顾虑,担心这个公司的招聘是假的,要亲自去考察。可是事情并不如想象中的顺利,这位老板和家政公司联系后致电记者,说他无法接受家政公司提出的每人2400元的管理费。这位老板不理解,他也不是找保姆,只是想给这些大学生一份工作,为何要交给家政公司管理费。

家政公司带这批大学生来深圳,给她们吃住,是有一定成本的,而且他们与大学生之间有合同,家政公司有他自己的理由。到底谁对谁错,谁好谁坏,不用记者去评判。电子公司的工作,对于这些女大学生来说,到底是不是一次好机会?没人能打包票。是否这次真的就与这家公司无缘?也许如何面对挣扎与妥协,处理错过与抓住,是这批大学生进入社会要学的第一课。

冯　悦

金大中病逝前日　我在青瓦台

2009年8月18日，第一时间获悉韩国前总统金大中病逝是来自当地导游，他凝重的表情让我们也不太好受，因为此前导游津津乐道地讲述了关于这位风云人物的许多故事。而更为意外的是，就在前一天傍晚，我刚刚参观了韩国政治中心青瓦台总统府，这是一个无比庄肃穆的地方。

尽管金大中早已远离青瓦台，走出了政治核心，他病逝的地方也与之无关，但是这里依然留有他曾留下的厚重脚印。

我有意关注当晚的韩国电视台和第二天报纸媒体的新闻内容。不过，一切都显得比较平静。也许是时间不巧，我看到当地一些电视台的新闻节目在播放金大中的生平视频资料后便变换为其他新闻，而我转完所有频道也没有看到有关这位前总统的专题特别报道,常规娱乐节目始终大行其道。第二天早上,我在一份当地报纸的头版上"意外"地没有看到这个新闻,而在第二版上看到了,相关报道的篇幅也没有想象中的大手笔。

  韩国几乎历任政治领袖都颇受争议,即使是被认为"对韩国经济政治有重大影响"的金大中也不例外,功过是非难以轻描淡写,支持或者反对他的民众、声音、党派、团体的表达方式都不易揣测,心绪相对复杂。所以即便是身在他们的国家,我也无从了解这样一位政治领袖,更无从判断。相比之下,中国的一些门户网站,则是大制作大专题连篇累牍播报进程。我们似乎比韩国人自己还更不平静。他的数起数落、入狱、流亡、诺贝尔和平奖等传奇经历……或许,作为"旁人"的我们看来,反而可以相对没有偏见地接纳、包容这位政治人物的功绩和非议。这种不带个人色彩或者民族色彩的客观审视,提供给我们一个更为客观的外在世界和更为真实的内心世界。

卢　亮

不要利用我心底的善意

多年来，我一直在探寻我的姓名是不是有某种更深的含义，以期能为所谓卖文为生的穷酸心理找到一种遮羞布，后来看到老子《道德经》中有句名言，"上善若水。水善利万物而不争，处众人之所恶，故几于道。"引申一下，"有友若水，不亦乐乎"，大概就可以和我的名字靠上边了。

我欣喜的不是找到名字的起始意义，而是惊叹，我的名字是教人向善的。"铁肩担道义，妙手著文章。"这是一种理想的境界，也因为此，身为记者，总是在内心留存着善意、善心、公平、正义，就连宣传部门都要刻意淡化"弱势群体"这个词，而记者在工作中，可以说无形中是在为"弱势群体"呐喊着。但直到现在，我才明白，道义有时候并不站在弱者一方，有时候，记者的善良会成为被利用的把柄。

第一章　　水煮现场

在大家心目中，对城管的印象并不好，有一次我接到红岭路一个小贩和城管起冲突的线索，到现场后发现因拍摄小贩和城管冲突而被打的一名无辜路人穿着个烂红褂子在现场等着，他的一番倾诉，让我不由地产生了同情心，最后在稿件中，字里行间也多少为小贩说了话，直到后来，我才发现，这个所谓的路人，其实是小贩的老乡，甚至还带着亲戚关系。

布吉大芬的芬龙一巷是乱摆卖一条街，路中所有肉菜摊点都是无证无照经营。从我的个人认识讲，摆摊者往往困难，睁只眼闭只眼也罢，但这里情况实在有点糟糕，除了蔬菜，还有卖鸡鸭鱼肉的，这些东西都是没有工商部门监管的，安全隐患可见一斑，至于卫生也是差得离谱，月薪800元的扫地阿姨就是累死也扫不完垃圾。2009年11月30日，布吉城管执法队闻讯去执法，第一天像秋风扫落叶一样，所有摊贩销声匿迹。正当感叹时，突然听到有人感叹，"记者来了是我们的荣幸，明天咱还接着摆（摊）。"第二天一早，如这名陌生的摊贩所言，摊贩像准时上班的人一样，照常摆摊。而执法队为了维护执法成果，将一台执法车停在芬龙一巷，车上的两名执法人员因为面对太多的摆摊者无法下手，只能和摆摊者相视而望。其实，附近并非没有正规的肉菜市场，政府或摊贩自己完全可以组织前往正规市场经营，取缔乱摆卖并非就是断了摊贩们的生路。但我所看的是，记者的曝光被藐视，执法队被轻视，人们心目中的"弱势群体"非常强势。

城管来了，小贩你至少也学会撒开腿跑一下吧；媒体曝光了，你至少也学着收敛一点吧，哪怕做做样子也让人心里好受点。

领导说过，任何时候，处理任何问题都要记住不卑不亢，我深以为然。每个人或每个团队要真正做好自己的事情，就要不卑，不亢，也不要越格，这个格是个人或团队能够被社会所认可的内在平衡的格，如果越格了，就会有人看不顺眼，平衡打破了，自然会有事情发生。

我本善良，请不要利用我心底的善意。

肖友若

第一章　　水煮现场

玫瑰与猪头

　　飘荡的是勃拉姆斯的《匈牙利舞曲》，飘动的是蓝底黄十字的瑞典国旗和五星红旗，飘洒的是黄玫瑰和白玫瑰的馨香。2009年11月，这是瑞典一家世界500强企业进入深圳的开工仪式现场，优雅、温馨的情调和气氛，充满了欧式风情——直到一转头，猛然看到角落里赫然摆放的一个猪头。

　　宾主觥筹交错间的是白兰地；尽管邀请的大多是来自中国各地的重要客户，但照顾到"主人"的身份，当天活动的"官方语言"全部是英语。在主持人的致词中，她向瑞典的这些嘉宾们介绍说，在开工仪式上摆放猪头并向其行礼，是广东一带的风俗，预示着能够给公司带来财运。而更加激动人心的一幕，是该公司一位金发碧眼的总经理，手拈三炷香，在众多西装革履仪表非凡的嘉宾注目中，毕恭毕敬地对着这只猪头连连鞠躬。

虽然回想起来有些滑稽，但实际上，这样的一幕已经不算是新鲜了。在深圳做记者的几年里，参加了大大小小的开业仪式和庆典，不管是国内的还是国外的企业，都会上演类似的活动——不过绝大多数还是舞狮，拜猪头相对比较少。而放到100年前，这些仪式和风俗，或许被心理优越的西方人看做是"未开化"的荒蛮之举。

"许多年来，全欧洲都认为中国人是世界上最荒谬最奇特的民族；他们的剃发、蓄辫、斜服睛、奇装异服以及女人的畸形的脚，长期供给了那些制造滑稽的漫画家以题材；同时，使中国人感到陶醉的闭关自守、迷信鬼神和妄自尊大，也经常激起了欧洲人的嘲笑和轻视。"这是英人军官F.A.Lindley在《太平天国革命亲历记》中的描述。而同时代的美国作家杰克·伦敦，在他的小说《白与黄》以及《黄手帕》中，对当时大批涌入美国却从事铁路工等血汗劳动的华人进行了漫画式丑化。而从当年的鄙视、漠视、坚船利炮的进攻，到今天对于一个猪头的顶礼膜拜，态度已经是180度的大转弯。

大学里学习外国经济史，第一节课老师列出必读书目，第一本书就是哈佛大学教授萨缪尔·亨廷顿的《文明的冲突与世界秩序的重建》。时至今日,"文明的冲突"仍然是各个国家出现矛盾(其中相当多数是商业纠纷)时搬出来的解释词。《时代》曾让我们的一位前国家领导人穿上了LV的服装,在他们觉得好玩的时候却招致不少国人的斥责。有时候,这种文明的误读更多的需要时间来抚平,在吴晓波的《激荡30年》里记载了改革开放之初的一些有趣细节,1978年一个外国旅游团在兰州被10万兰州人围观;1980年夏天游故宫的人竟然不看国宝和宫殿,只为了围观外国游客;1978年法国人皮尔·卡丹走在北京长安街上,引来清一色样式服装的中国人的诧异目光……经历了若干年的封闭之后,国人重新从外国人的蓝眼睛中审视自己。而到今天,外资"超国民待遇"的优惠已经被取消,众多国际企业纷纷挤进中国市场,尤其是在全球金融危机之后,中国更是被看做拯救世界经济的一根稻草。

希望这些国外企业,不要犯几百年前他们老祖宗的那种想当然——鸦片战争后,英国商人曾以为打开了中国这个广阔的市场而欣喜若狂。当时英国棉纺织业中心曼彻斯特的商人曾估计,中国有4亿人,哪怕只有1亿人晚上戴睡帽,每人每年用两顶,足以让整个曼彻斯特的棉纺厂机器日夜加班而瘫痪。但当他们把大批的洋布运到中国却大量滞销,因为中国人没有戴睡帽的习惯，衣服也用自产的丝绸或土布。尽管鸦片战争打开了中国的大门，但中国的自给自足的封建经济并没有被摧毁，洋布在中国并没有市场。

今天的外商，在向一只猪头低头的时候，是否已经在重新盘算了呢？

徐维强

楼顶的绝望与博弈

深圳高楼林立，本来已经鲜有人觉得这是风景，更多的是压迫感。除此之外，这些楼宇还常被一些人作为轻生的工具。

近期的深圳，各种人世纷争、纠葛在楼顶上演。走在路上，不小心一抬头可能就会看到某楼顶有一个人，或发呆，或徘徊，或呼喊。场景出现得多了，人们也有些见怪不怪。每当楼顶出现欲跳楼者，马上成为该楼周遭人等的谈资，甚至奔走相告相约去看热闹。跳楼原因也很快在人群中流传开来——当然，通常略有失真。

虽然大多数人的跳楼因最终没能实行而被认为是摆摆样子，我仍认为这是衡量人们绝望程度的一个标尺。

这几天见过的最危险的跳楼者是2008年10月27日成功信

息大厦6楼阳台护栏外站立的那个女人。她穿着高跟鞋,手要抓住护栏才能站稳,下面就是红荔路的人行道。这样坚持了两个小时。她炒股巨亏,索赔被拒,据说还欠了高利贷。

很多人,包括我在内,都觉得她是在以此要挟另一方,以求自己的诉求能得到一定程度的兑现。然而她所站的位置和她声嘶力竭的呼喊,也确实向人呈现了她那一刻的心态:绝望。现在的股市也无法给她以希望。

为情所困者在楼顶就更难保持理智和清醒。一个男人因离婚后想复婚遭前妻拒绝,走上了华能大厦37楼楼顶。直到他前妻到来,承诺复婚,他仍然不愿意下来,要求他前妻写保证书,似乎真的相信一张纸就能给他一个复原的家庭。

林林总总的跳楼者,背后都有更详尽、不为我们所知的故事。但相同的是,他们都似乎无路可走,似乎只有楼顶才是他们最好的归宿。从战略上讲,这里可进可退,是博弈、谈判的最佳地点。当然,这也意味着他们已经没有别的筹码,只寄希望于绝处逢生。运气好了进一步,能部分挽回一些本来失去的东西,但退一步,则不是海阔天空,而是无情的大地。

彻底绝望的人,不会再奢望跟谁去谈条件。让我想起大学时那些决绝的跳楼者。他们在上楼和跳楼之间,没有博弈这个环节。相对于此,对于泛滥成灾的"跳楼秀",也大可乐观看待,起码,他们还抱有希望,还渴望交流,不管目的如何。

只是苦了消防人员。

杨　涛

梦醒时分

　　必须承认，很长一段时间，我都狭隘地、专制地、近乎自恋地将植物人当做孤独和优美的符号。在众多的画面中，阿莫多瓦玩对比，*Cucurrucucu Paloma* 的歌声在人群中回绕的同时，男人在医院里絮絮低语；蔡明亮依旧"植物人镜头"，在异性的粗暴照顾下，独睡的躯壳顶着一双又深又难耐的黑眼圈；村上春树不离母题，喋喋不休的语言造势放大了沉睡的黑暗；另外还有传说中的机器猫的灰色版结局，变卖所有法宝后，已成植物人的大雄把最后的一票投给了"天堂"。

　　所以我没有想到，2009年3月底，当我一只脚踏进他们的病房时，首先被俘虏的器官是鼻子。叫我如何形容这种气味？就像一个月没换水滋出绿藓的花瓶，或者堵塞已久的下

第一章　　水煮现场

水道突然打开了井盖。嗅觉打败了宁静和惨白，呛得我差点要掉下眼泪。对面病床上，几个尚未完全丧失知觉的老人直勾勾地盯着我，眼珠浑浊。护工阿姨熟练地将一杯黄色糊状物体搅匀，从鼻饲管里直接灌入。所有的人仿佛压根没感觉到这气味和外边有何异样，所以我也告诫自己，尽量熟悉尽量忘却。这时墙角一个老人艰难地举起手示意，我连忙去叫人。阿姨取来一大张黑色塑料纸。我觑见被单下两条赤裸的骨瘦如柴的大腿，努力地想往其身体左边微微偏过一点，但阿姨已经又疾又准地直接将纸嵌到了他身下。过了一会，不好的气味再次透过厚厚的被褥传了出来。

　　我的采访对象据说在亲人陪同下，下楼溜达去了，我于是在走廊间踱步。"嗬嗬嗬"，隔壁康复室的怪叫声让我脊梁一阵发麻，原来是一位病患被捆于一张竖起的床上，在护理员的协助下，做着帮助其恢复肢体功能的训练。其脸上肌肉的收缩叫我感受到了比这病痛本身更大的悲悯，那就是身体的不可把握性，灵魂必须在一具躯体里经历从无知到衰老的过程，并不随个体热情而作改变。

　　因此，我感激上苍能够让我和我的采访对象开始对话。这是一个曾经如雕像般躺了70多天的人。我想知道的是，在他昏睡期间，对这世界是否还有感应？是否真能感受到亲人手心的温度,落下滚烫的泪?但是,他真的开口时,我却失望了。他抱着头,如两岁孩童般生涩发声:"我……不……懂……"。脑门上青筋暴出,仿佛正被人念咒收紧紧箍。家人抱歉道:"他以前的事都想不起来了。"我忙说没关系。自责盖过失望。暮分,整个病房既不拉开窗帘,也不开灯,仿佛早已习惯黑暗的温顺的人,再难适应太阳的刺眼。

与采访对象的家人聊了一会,我告辞要走,回头对他说再见,他竟好像完全听不见,专心地盯着一部"雪花"电视机;再一望,整个病房几双眼睛,都盯着那部只会发声的机器。我心一阵凄恻,飞也般逃离。

叶 枫

第一章　　水煮现场

大火烤熟小土豆

欧文、赫斯基、菲利浦·内维尔，还有卡拉格。2003年6月，英格兰在一场国际友谊赛中对阵塞黑，比赛乏善可陈，人们至今只记得，英格兰的队长袖标在那90分钟里转战了4条胳膊。英格兰足球圈大佬、传奇人物菲尔·尼尔说："我看着队长袖标在他们手里传来传去，就像是一颗土豆。"

另一颗土豆这些天在深圳翻滚、传递。

2008年9月20日晚，在水官高速上我有些昏昏欲睡，以为又将面对一场来去无踪的火灾。本报是最早到场的媒体，本人和同事是最先靠近核心现场的记者，在一群紧张统计数据的公务人员间，我为耳朵里传来的数字震惊——已死亡33人。

时间在推进，数字在增加，如今又添上11位。诚如铁锤副局长所言，这是一起责任事故；也诚如玉浦书记所言，舞王俱乐部是秃子头上的虱子。一年来，无论是消防、安监、文化，还是街道、城管、税务，都对它视若无睹，直到44条生命飘逝后，才一个个诚惶诚恐地关注起早被卸下的责任。

大火后第二天，和同事们兵分多路，去到各个相关责任部门一探究竟。街道的说，这好像不属我们管辖范围吧。问问城管？城管大哥一头雾水状：人家是农民自建房，不是违建呐，要不找下安监？副局长赵铁锤都已经明确提及百日督察行动效果成疑，找安监总不会再错了吧？无奈该部门领导谆谆教导：我们管的是生产，这个该找消防，全然不顾百日督察要求安监督查"消防"，都是同一句——由区里统一发布。

对媒体的反应实际上折射出政府部门真实的态度。当我们奔波于各部门之间时，眼前一直浮现着一颗跃动的土豆，它从远及近，又随即折向别处，不停息。

在那场友谊赛上，乔·科尔打进制胜的直接任意球，英格兰队以2比1获胜，土豆只在人们嘴里翻滚了一圈就不知所终；在龙岗，44条生命与我们生死两隔，大火里没有赢家，只有那颗土豆，熟了。

张俊彦

笼屋中的阳光

小时看契诃夫的《套中人》、卡夫卡的《变形记》，感到人在封闭空间下的压抑与苦闷，但后来看古希腊犬儒学派的故事，得知第欧根尼因住在木桶里而声名大噪，这让我感叹社会的无奇不有。也正为此，当我第一次听到"笼屋"时，第一反应就是：这是行为艺术吗？

翻阅了一些资料之后，孤陋寡闻的我才知道，这并不是行为艺术，而是实实在在的一种生存状态，而且就存在于一江之隔的香港。

笼屋，顾名思义就是像笼子一样的房屋。这是香港最底层人民的"安身立命"之处，用铁丝网框起，有些像积木一样分成上下几层。住户之间的隐私，只隔着一张报纸。每个笼民占据的空间不过两三立方米。

香港政府在1978年推出"居者有其屋"的计划，并认为在减少笼屋方面已经取得不错的成绩。政府统计当前笼民只有近千人，不过，民间团体就认为至少有4000人。

2008年的一个晚上，我们跟随一位内地移民刘小姐，来到深水埗她大约两平方米的家中。她和8岁的儿子初来乍到，为了省钱，便租下这个月租只需500港元的小屋。黯淡的灯光下，房中人影攒动。和刘小姐一样在这破旧的房间里占据一席之地的租户，不下20人。

但刘小姐和她的儿子似乎不太在意笼中的生活。从内地来的她，看中香港的教育、福利和发展前景。现在她每天朝七晚八辛苦工作，为了省钱还花费半个小时走路上下班。

就在当晚，刘小姐在社区组织的介绍下，找到另一个新移民邓小姐。她希望邓小姐第二天帮她带孩子。为了赶去上班，她们最终约好早上六点钟见面。

邓小姐同样属于低收入家庭，她的丈夫是公司小职员，但她对现状却相当乐观，"我们全家现在租了一个单间，比笼屋好很多了。"她指着附近一栋高楼说。来香港几年的她，有着自己的打算。她说自己嫁了一个好老公，现在最大的愿望就是培养儿子。"只要好好努力，以后一定能住上大房子的。"她这样鼓励刘小姐，也鼓励着自己。

在这个国际都市的灯红酒绿之中,我听着两名底层妇女的唠叨,心中感触良多。我突然想到,人生最鲜活的哲学,不是来自套中人,不是来自变成甲虫的那个推销员,更不是来自第欧根尼的木桶理论,而是来自这些在底层拼搏,却从不怨天尤人,并且对未来充满了热切希望的人们。

庄树雄

第二章 采访那些事儿

大千世界，光怪陆离，总有一些事令你印象深刻，总有一些人让你不敢忘怀。

一个村委会为何牛气冲天

记得小时候看过一部小说，里面有一句话让人印象深刻，说村长是全国最小的干部，却有最大限度地发挥自己手中的权力。当时我还觉得这句话导得是走到很夸张，所以谨记住了。没想到事隔这么多年，才真正地认识到了这句话的深刻。

几年前，新潮村将一块地拨卖给了开发商，但没有跟一些村民就赔偿价格谈妥，这些村民就拒绝拆迁。2009年6月15日，新潮村一位滴迁居民刚报社投诉，称村里出动数十壮汉将他家里强拆、毁坏。突然听到报警一声，跟头相机就跑离他身上，当场昏倒睡醒。

醒来没有人。他们说只是想拆村里的违章行事。就在我跟工人们交谈时，突然冲过来几十名身着迷彩服的男子，他们大声警告："哪里来的狗东西，找点没开，不然弄死你们！"此时的简先生听得想要发抖。在十几个壮汉的"护送"下，我跟同事来到了工地指挥部，检查验了身份证和记者证，并被告知这事由新潮股份公司（新潮村）负责。只能无奈几了等。

我们没辗转来到新潮股份公司，刚进大厦门口，就被一个保安拦住了去路。"什么鬼记者，没有看见我们很忙吗？"保安凶神恶煞地反复恐吓，我简单地说明了一下缘由，并掏出名片，请求保安转告相关领导，如果领导有空，麻烦他回应一下此事。"他妈的，你一个记者算是什么狗东西？"保安将我的名片扔到地下，露出很不屑的表情。

"你可以正常采访，但你不该随时记者，我要求见你们领导。"我愤怒强地注视七走去，保安和另外几名男子冲上来，将我架架按住。不一会儿，几名村领导下到一楼大厅，愤怒取地吼道："谁叫你进来的？你知道这是什么地方吗？这是村委大楼！"我解释了事情的来龙去脉，但村领导根本听不进去，直接对我不断推搡，同时口中骂骂咧咧，用很其难听的字眼辱骂记者这个群体，比保安的行为有过之而无不及。

最终，我被他们推了出来，我的内心涌起了一股愤怒的因扰。几个村官，甚至是看守大门的保安，为何牛气冲天、气焰嚣张，不得不让村村民的利益当回事，而且根本不把舆论监督放在眼里。绝对的权力导致绝对的腐败，哪怕它是最基层、最微小的权力。当我们在谈论这句话的同时，也应当清楚它的本意：权力让人异化。

一个村委会为何牛气冲天

记得小时候看过一部小说,里面有一句话让人印象深刻,说村长是全国最小的干部,却在最大限度地发挥着自己手中的权力。当时我觉得这句话写得很尖刻很幽默,所以就记住了。没想到事隔这么多年,才真正地认识到了这句话的深刻。

几年前,新洲村将一块地皮卖给了开发商,但没有跟一些村民就赔偿价格谈好,这些村民就拒绝拆迁。2009年6月15日,新洲村一位简姓居民到报社投诉,称村里出动数十壮汉将他家围住,当时他还在床上睡觉。突然听到轰隆一声,砖头和钢筋就落到他身上,当场将他砸醒。

等我和摄影搭档冲到了新洲村,简先生的房屋已成了一片废墟,现场工人们证实,强拆房屋时,里面确实有人住着,他们也只是按照村领导的意见行事。就在我跟工人攀谈时,突然冲过来几十名身着迷彩服的男子,他们大声怒喝:"哪里来的狗东西,快点滚开,不然弄死你们!"此时的简先生吓得瑟瑟发抖。在十几个壮汉的"护送"下,我和同事来到了工地指挥部,被查验了身份证和记者证,并被告知这事由新洲股份公司(新洲村)负责,只能去那儿了解。

我们又辗转来到新洲股份公司,刚进大楼门口,就被一个保安拦住了去路。"什么鸟记者,没有看见我们领导很忙吗?"保安凶神恶煞地反复质问,我简单地说明了一下缘由,并掏出名片,请求保安转给相关领导,如果领导有空,麻烦他回应一下此事。"他妈的,你一个记者算是什么狗东西?"保安将我的名片扔到地下,露出很不屑的表情。"你可以拒绝采访,但你不该侮辱记者,我要求见你们领导。"我很倔强地往楼上走去,保安和另外几名男子冲上来,将我狠狠拽住。不一会儿,几名村领导下到一楼大厅,恶狠狠地吼道:"谁叫你进来的?你知道这是什么地方吗?这是村委大楼!"我解释了事情的来龙去脉,但村领导根本听不进去,直接对我不断推搡,同时口中骂骂咧咧,用极其难听的字眼辱骂着记者这个群体,比保安的行为有过之而无不及。

最终,我被他们推了出来。我的内心涌起了一股难言的惆怅：几个村官，甚至是看守大门的保安，为何牛气冲天、气焰嚣张，不将本村村民的利益当回事，而且根本不把舆论监督放在眼里？绝对的权力导致绝对的腐败，哪怕它是最基层、最微小的权力。当我们在谈论这句话的同时，也应当清楚它的本源：权力使人异化。

成 希

被宠坏的地产商

2009年7月，又有一个开发商打电话给我，气势汹汹地质问我，为什么没有按照他们的通稿写？为什么要写他们的缺点？大体是我有一篇报道，披露了他们不愿说的一个项目，让他们很不爽。

这样的事情在我，已是见怪不怪了，更多的时候，我甚至都懒得去解释。似乎这个行当，大部分地产商在面对媒体记者的时候，都带有很明显的优越感，甚至他们看媒体记者，跟看广告公司、代理商似的，觉得一个是甲方，一个是乙方，乙方就是要听甲方的。而且这种强势，还似乎是没有太多道理可讲的。比如我曾经遇到过这样的情况，宝安一别墅，开盘销售当天还剩下几套，开发商就说售罄了，然后要求记者也这么写，而当你没这么写的时候，他就会大为光火,觉得你很不听话,而骨子里他认为你应该很听话。

这样的事情多起来之后,不由得你不去想,是什么让地产商觉得,媒体应该按照他的意图来?又是什么让他们觉得,媒体只应该给他们唱赞歌?用行话讲,谁都知道这叫媒体的商业操纵,就是市场主体通过自己与媒体在经营上的合作,或者是合作意向,来对新闻报道进行干预,或者叫干扰。这样的事情在中国已是司空见惯,不过,像地产界这样对媒体渗透得如此强硬的,似乎也不多见。

那是什么让他们如此强硬?我的一个资深同行跟我分析说,是因为地产商被宠坏了,不仅仅是媒体在宠他们,地方政府也在宠他们;不仅是现在宠他们,10年之前就在宠他们。相信他说的能得到很多同行的共鸣。我们在这一轮的房价涨跌中就能看得很清楚了,房价涨的时候,地方政府的确也出过政策,但更多都是在行业秩序的维持和整顿上,但在增大土地供应量方面却总是言行不一。每年的土地供应计划里说得挺多,但几乎每年都完不成。但在房价跌的时候,他们便坐不住了,南京的官员就开始喊话,谁降价就查谁。一大堆的优惠政策也出来了,当年房价涨的时候,紧缩政策可是陆续不断地出了3年才出完,房价一跌,优惠政策半年之内全部出光光了。这给开发商的信号就是，政府可以容许房价涨，但不容许房价跌，不会见死不救，换了谁，谁腰板不硬？

话说到这里，就有些黑色幽默了，不过，还有更幽默的。开发商认为记者应该听他们的话，理由很简单，说得最多的一条是，我们在你们报纸上有广告。言外之意是，我有广告，大家就是一条船上的，你就应该只报喜不报忧。

其实，每到那时候，我就忍不住想笑，因为，你会发觉，真正需要被教育的恰恰不是媒体，很多人纵然清楚媒体作为社会公器的角色，但仍会很自以为是地想改变你。所以，有时遇到我很不喜欢的媒体对接人这么问我，我也经常反问：为什么我要按你的通稿写？

朱文策

过五关　潜入航天城

神七发射，让多数媒体如逐肉之兽。有友名梅，亦受命加入这逐肉群中，欲西去东风航天城。

东风航天城是酒泉卫星发射中心的别名。在茫茫戈壁之上，巴丹吉林沙漠深处。若不是神七的发射，这小城平日里是酒泉旅游的一景。2008年9月中旬，梅飞抵兰州，方知先前发往东风城的旅行团早在8月便被叫停，恢复最早也需到本月中旬，梅"乘团而入"的希望瞬间被掐灭。辗转联系上军区，却告知东风城不属其势力范围，插手无力。

梅入东风城尚存两线希望，一是"城里有人"，二是城里开出的通行证。无奈梅出自非受邀媒体，又"城中无人"，残存的入城希望也行将熄灭。

不甘罢手，夜乘列车，梅自兰州杀入酒泉，欲伺机而动。有友支招，用"钱"开道，买通黑车司机，弄个"探亲"之名，混入城去。司机开价六百，拍胸能入城内，细声再加一句，当日须返回。此路不通。梅入旅馆，欲找偏门探些消息。不想一入旅馆，就见一公安部门紧急通知高悬：要求凡住店者资料须即时登记，并上传至公安治安管理系统。还未开口，梅已消声。

正当梅愁眉难展，忽一日，听同行有"道"，能带其同往。同行四人上了前往东风城的大巴。尽管车门处贴一告示：凡上车者身份证、通行证"两者必全"。但因事前有人"关照"，当着军装战士上车验证时，四人答曰探亲，被放一马。

行至一个半小时之后，至第二道关口大树理检查站。首先闯入眼帘的是"窃密是犯罪，泄密是叛国"的标语。先前喧闹着的车里瞬间变得沉寂。有警察在路中拦停示意，上车再次一一核查乘客身份。梅等仅有身份证的四人心被提到嗓子眼，所幸仍被放过一马。

又数十分钟，车至第三道关口。距东风城中心尚有五公里的检查站。这一次，梅等四人没那么幸运了，因无通行证，他们被叫下车来。无论同行人员何等央求，那铁面军人只是一句：无证一律不得入内。

至于最后在检查站前徘徊到太阳下山的梅等四人，后是如何"潜入"城内，到今天梅仍讳莫如深，只说自此"城里咱也有了人"。早在发射前的一个多月，城里的宾馆和绝大多数招待所已被征用。仅有几间社会旅馆，不敢收留没有通行证的"黑户"。这也让梅等四人一周之内，颠沛在三五家旅馆，以避过夜半前来查证的公安。入城归来，梅只叹方能深切体会"昨日入城去，归来泪满襟"的凄惶。

秦鸿雁

算账记

　　什么事你较起真来，还真有点"椰风挡不住"。上周深圳出租车价格调整方案正式公布，对于这个方案深圳人期待已经有5年了。还记得2005年的时候，我就参与过出租车降价听证会，当时主题是降价，市民从8元起步，到10元/3公里起步都进行过热烈讨论。但这一切都被油价的高企打破，经过听证会后方案却变成遥遥无期的"空头支票"。作为记者，我并不甘心，多次在公开场合向分管的市领导问及此事，虽然屡次被拒，但终于在2006年得到一个正式的答复："油价涨了，出租车价没有涨就是变相降价。"这句话却总算是给了老百姓一个说法，不降了！

　　这句话在当时也引发了网民的争论，但相比5年后，那次舆论压力还真只能算是"毛毛雨"。2009年6月，发生被网友们形容为"最不明智"的举动,深圳召开了出租车运价调整听证会。虽然政府竭力解释是调整不是降价,但根本挡不住5年来人们情感的倾向——降价。于是,政府和民间就在这么一个"误会"中,各说各话。我从多方打听到,此次调整关键在于调整"绿的"的结构,改变不打表的现状,而"红的"则真正作为"绿叶"。但"红的"12000多台,从数量上来看,它就是天生的主角。一场闹剧上演了,演员们没有对话,只有独白。

  在这场戏剧里,记者天然地站在了市民的一方,揪住政府的方案,仔细地研究起来。本应作为陪衬的"红的",却成为媒体攻击的对象,什么事你较起真来,真的挡不住。上周,南都一篇《市民等五年　降了1毛钱》的报道几乎轰动了整个物价和交通系统,也为市民的情感宣泄提供了出口。这篇短短的文章,我的确做得非常辛苦,运价是一堆数字,记者的任务就是在这一堆数字里找到规律,并提炼出来。十余年不用的方程式都用上了,我和编辑一个计算,一个检查,耗费了近三个小时,终于看明白了方案的规律,那就是对于绝大部分市民来说,只有一毛钱的优惠。当然,事后物价局制订方案的"高手们"对我的这个说法非常"反感",他们说,为什么只提优惠1毛的事情呢,还有市民享受了两块五的优惠呢。好吧，我理解他们，或许换了我们任何人坐在那个位置上都会说出这种话来。但老百姓也不是吃白饭长大的，比记者优秀的数学精英多得是，我相信记者看明白的事情，老百姓也看得明白。

真理从来就是赤裸裸的，赤裸裸的东西就不是那么容易让人接受。不过，这次政府官员也觉得很委屈，他们的重点在"绿的"，人们却揪住"红的"问题穷追猛打。媒体呢，也没有义务做和事佬，什么东西好看出彩就做什么。于是，出租车事件就演变成为市民、的哥、政府甚至企业四方都有怨言的一件事。如此看来，把好事办好也真的挺不容易的。

任笑一

新闻做不完　读书有新欢

有句话说，新闻无学问。不学新闻也照样可以做记者，只要有足够的对世界的好奇心。但隔行如隔山，做专家型的记者需要经验的积累与时间的沉淀，所以每当一个题材放在我们面前，都是一个全新的领域、一个探索的过程。

比如我刚开始负责写人事人才方面的新闻，人家讲半天HR（人力资源）、胜任素质模型，我都蒙查查，这可怎么写新闻呢，于是只好在业余时间恶补一下人力资源方面的知识。

"恶补"这个词用来描述记者读书特贴切，因为每次都是临时抱佛脚，有一次我写任正非和郭台铭，这两个企业明星名气大，从来不接受记者采访，但我又必须写他俩，咋办呢？只好去读各路人马写华为、写富士康的书，以及各路神仙写他们但未经过他们点头认可的传记。为了赶时间,一周内读了六七本,那叫一个精神高度紧张,神经衰弱,不知能不能算工伤。

有次最搞笑,为了写讣闻,我一口气买了四本这样的书:《死亡文化史》、《每天拥抱死亡》、《上帝、死亡和时间》、《死亡之匣》,本本都与"死"有关,结果看过发现,很多是死亡哲学或宗教对死亡的解读,与讣闻毫不相关,汗!

不过,虽然这种读书看起来是"被迫"的、功利的,但快速、海量的阅读给职业积累、个人知识结构和价值体系带来了看不到的好处。最重要的是,往往被迫阅读最后会变为主动阅读,而且可以读得很快,这都拜被迫功利读书所赐。

最近因为在做法制新闻,我又开始读新一批的书,《解密中国大案》、《死囚档案》,为了借鉴新闻式小说的结构,什么《冷血》、《恶棍列传》、《赫索格》,一股脑的买来再说。荤腥不忌,连《知音》也要拜读一下。

报社一进门墙上有句话:鲜花永远在前方,我们永远在路上。我的理解是,新闻永远做不完,读书也总是有新欢。

刘晓燕

第二章　　采访那些事儿

媒体人的咖喱餐

　　2008年年底,在香港和朋友谈论圣诞节如何吃大餐,说到各种美味的印象,朋友神秘地说,最期盼的是在2009年能收到政府新闻处的邀请去吃咖喱餐。原来,作为传媒人,能在政府新闻处成立50周年被邀请吃饭,还是特别有意思的,要是邀请报道香港的内地媒体,意义更是不同了。

　　之前听说过香港警察请人喝茶,廉政公署请人喝咖啡,但没有听说过政府新闻处请人吃咖喱餐。在香港与政府新闻处也曾打过交道,每次有求必应,然而却没有被请过咖喱餐。对于香港传媒来说,咖喱餐却是一种见证传奇。朋友说,上世纪80年代香港做记者的,就开始流行围堵采访最快最新的新闻,很多事情力求最快报道。当时的港督尤德爵士(1982—1986年在任)在一次出席活动记者争抢位置时,被数个话筒伸过来围住。可当时有记者不小心，话筒打了尤德的头。政府新闻处后来推出新动作：组成"行街队"。

凡是有政府高官外出活动时，新闻处就负责组织记者采访，既满足传媒要求，又不会让传媒吃饭的铁家伙碰到被采访者。有时候遇上场地限制的采访，政府新闻处会挑选一些报纸、电视、电台的代表组成联合采访队，采访后的结果，交给未去的传媒共享，没有参与的媒体下次有机会轮换。而当时的新闻处长曹广荣（1983—1985年在任），则更进一步与传媒搞关系，在香港历史上，第一次请各家传媒高层聚餐。政府买单请吃饭的事情，在香港还是有规矩的，不好去酒店"奢侈"。但传媒高层人数众多，后来看中了香港辅警的饭堂，而辅警的伙食最出名的就是咖喱餐。此后的二十多年至今，历任新闻处长都要请传媒高层吃"咖喱餐"。

不过，话也说回来，传媒高层吃了二十几年的"咖喱餐"，已经成季节性节目。今年年初，新一任的政府新闻处处长冯程淑仪的"咖喱餐"再有突破，除了传媒高层外，首次增加席位请新闻一线的记者吃"咖喱"。不过，新处长还卖关子，说2009年是政府新闻处成立50周年，到时有特别活动。这个包袱埋得巧，让朋友惦记着快一年时间，不过也快了，就两个月时间。

中国人爱喝茶，老外习惯喝咖啡，但是咖喱因为味道独特，无论中外人士都非常喜欢。听完了新闻处的故事，当天我和朋友一起去吃了次咖喱餐。

徐　超

人性中有股不可捉摸的东西

我向来是以最大的善意来揣测人性的，2009年，却在做了近三个月的"求助"栏目后，对"人性"这个东西越来越失望，有时候甚至是出奇的愤怒。七年前在大学学习新闻的时候，很多的所谓"理论"如今记忆已经不甚清楚了，可媒介大师喻国明提出的"一种俯仰天地的境界、一种悲天悯人的情怀、一种大彻大悟的智慧"，至今记忆犹新。尤其是那句"悲天悯人的情怀"，曾经让我毫不犹豫地在毕业后选择了"新闻"这个行业。

做新闻记者，只有短短一年的时间；做公益新闻，更是只有短短半年。而记者这个梦，我做了至少有十多年。一直以为，自己足够的成熟和理性，不轻易为他人所左右，可以应对各式各样的人群。而做公益记者，更是让我投入最大的热情来倾听求助者内心的煎熬，总是想着尽自己最大努力去帮助他们。步行十几里小路上学，整天吃咸菜和泡面，辍学打工挣学费，贷款上大学，打工为父治病……人生的许多经历，让我对弱势群体有种与生俱来的同情。

无可否认，在做公益系列稿件的过程中，我收获了不少的感动。两年来日夜伴妻在医院，夜夜睡躺椅的那位小伙子；为治脑瘫女儿四处求医，五年来天天用布条把女儿绑在身上的那位妈妈；尤其是那位曾给我下跪的农民伯伯唐传余，让我相信了人间最淳朴的亲情、友情和爱情。然而现在，我真的有种莫名的疲惫，更有种透心凉的感觉。很多时候，一个个的追问电话打过来，我总是耐心地解释，电话次数多了，对方口气硬了，我也觉得"委屈"。那一刹那，总感觉自己欠了他人不少的债务，在被人疯狂地"追债"，这种感觉让我心有余悸。

在度过父亲患癌症的那五年之后，我懂得每一笔钱对那些劳务工的重要程度。可是，任何事情都有个过程，公益性质的基金更是需要完善的程序，确保每个环节的透明程度，保证每笔钱用到实处。有的求助者开门见山，见到我就问能够批多少钱下来，什么时候能拿到钱。有的则在"耐心"地听了我的解释后，等我刚跳上公交车，催问电话就打过来。有的甚至以"自杀算了"来相逼，反过来，我要给他充当"知心姐姐"的角色。更有甚者，明明累积资助达到了最高的额度，还要四处递交材料来申请。当我耐心地解释给他听相关的规定时，对方默许一段时间后，又打电话过来"咨询"，就当我什么都没和他们解释过。

　　当这种情况越来越多的时候，我开始害怕接到手机上每一个陌生的电话。每天应对这种电话，也总要花费不少的时间。总以为人性本善，才发现自己的幼稚。"学会把自己的感情和工作分开"，这是前辈记者对我的忠告。面对人性中这种不可捉摸的东西，我是不是应该戴着面具来投入工作？有人说"可怜之人，必有可恨之处"，我还是宁愿相信这句话代表的，只是很小的一部分。

徐佳丽

第二章 采访那些事儿

直面他人之不幸

如何面对他们的苦痛,他们悲鸣的不幸,他们为你展现的眼泪,以及有意的隐忍?你如何从言语和观察之外,还原更接近事实的本相?暗示是否不重要?取景框瞄准哪几处,才能营构更合适的组图?

即使在相当长的一段时间内,我也难以给出(亦缺信心听见)稍适宜的作答。反而,我常常在现场陷于内在的交战而虑重重行迟迟,显出不合身份的沉默。凶手的亲人见了我,力陈孩子平时有多乖;义工见了我,总有保持形象的天使笑容;被车撞的外来工将伤口撑大了给我"查验"伤势;被男友抛弃的女孩隔三追问,"怎么还没对他有惩罚?"……

他们对着"记者"的身份做出反应。想将这件外衣一层层撕开、揭去,但你底下穿着什么?皮肤是什么?——总要有一个"身份"与之交涉,非此即彼。而对象在种种身份前,如戈夫曼的戏剧理论,变换着其日常生活中的面具和表演。

2009年1月,我在接近一个舍己命换儿命的癌症母亲,"伟大"、"勇敢"、"感动深圳第一人",我们当然不吝惜送出这本来也匹配的头衔。但问题是,千篇一律的温情报道不能为未进医院的读者勾勒全貌,有欠公允;从长远来说,我也认同桑塔格前一阶段的理论,那就是大量的苦难影像会让人产生麻木感,这也将影响人们面对困难时产生的行动。因此,我刻意寻找和同城其他媒体不一样的视角。比方,母亲并非都如镜头前那样笑声朗朗,她挑剔、急躁,时常说些晦气话——这对于一个久病卧床的人来说,真是太正常不过。在大导向能允许的情况下,我愿意去展现这些细节。

癌症母亲前天去了,在通知至亲之后,丈夫首先拨通了媒体的电话,又强压着心头痛,在医院大堂录了半小时的视频。半小时一直是他说,他说得慢,吞吐,几次像思维要飘去,但自觉拉回,垂着眼睑,泪往下掉也不知道能不能用手帕抹,那么手足无措又老实地配合。有一瞬,旁边的大摄像机突然往下一沉,原来是他媒的记者,听难受了也在那拭眼角。一分钟后,大家又都各归其位,沉痛压抑地先录片,先为他人的"观看"负责。

在《波湾战争不曾发生》一书中,鲍德里亚说:"我们越是迫近事件的即时实况,就越陷入虚拟的假象之中。"每一回言未开,笔未落,就在直面他人之不幸时,我都战战兢兢,怕的都是共谋了另一场波湾战争。如果你说,言重了,我会答复:那头蝴蝶振翅,这厢飓风已起。

叶 枫

欠倪顺义的良心账

18天前,他曾给我们打来报料电话,自称欲办理特殊工种提前退休却一直没有通过,希望得到我们的帮助。

8天前,他背着菜刀和锤子到社保局,关门,抡锤,一个进医院,一个进拘留所,愤怒与希望,一同被砸碎。

现在,2009年11月,我们的同事在接近零摄氏度的兰州街道上,奔走于各个局之间。犯罪事实已经无法改变,我们只希望能多搜集一丝证据,还他之前的"无理取闹"一个公道。

但或许,还有赎罪之心,不是吗?如果18天前,我们的接料记者及时处理了这个个案,甚至只是让倪顺义感受到,有人在关心和关注他,或许不会有之后的一系列事件。报社领导说:"这是我们欠了他的良心账。"

我们无意去责备任何人,事实上,每天各种纠纷和不满反映到我们这儿的,实在太多了,有许多充斥着个人的恩怨、利益群体的欲望,也有许多是年代悠久的"历史遗留问题",连政府也摇摇头:"纠缠不清楚了。"

但我们也无意为任何人去开脱。有多少无能为力,就有更多的漠不关心。有意或无心,事实是缺了一双温暖有力的手,结果是多了一个踉跄走上歧路的人。为什么非要等鲜血涂花了白墙,我们才惊愕、屏息、瞠目,才在这一刻停下那两片热切讨论着生活琐事的唇,从喉间发出一声"啊"来?这个反问句,留给我们自己,也留给所有的"有关部门"。

倪顺义引起了广泛的社会同情,多少个普普通通的人主动站了出来,给我们提供证明。已退的人事科科长怒斥"他们拿着鸡毛当令箭",和他素不相识的老工程师感慨:"他没钱,也没权,最后只能'硬碰硬'!"和他境遇相似的人因为同病相怜而责问:"产生了问题都是我们无辜的弱者来承担,合理吗?"代理律师则在我们的网上留下长文,希望他能"拖着疲惫的身躯走出看守所,看到这片蓝天,也许,还能看到政府为他改变了一些什么……"与其说大家是同情他,莫过说是兔死狐悲,莫过说担心有朝一日,自己也会沦为僵硬的"游戏规则"下的非顺之民。

有人指责,"天无绝人之路",之所以被自然淘汰必然是因为自身不够努力。这样赤裸裸的"社会达尔文主义"瞬息在评论里被口水淹没。网络舆论是有暴力存在,但与其说大家在为倪顺义强横辩解,毋宁说是"草民"对求生本能下的挣扎都有太深的"切肤之痛"。这就是"人之常情",不考虑人的基本情感,一切的规范和管理活动都只是一种空谈。

那天,倪顺义的前妻赵姐,用瘦骨嶙峋的双手托着我的一只手:"你知不知道,当他们开着车时,我们在为了节约1块钱的车票……想方……绞尽……我们……"她说不下去了,我抽出两张纸巾给她。她的手没有任何温度。

这一刻,我在反躬自问,直到地底,但下一刻,我们在地平面上如常行走时,将会重新沦为看客吗?

叶 枫

第二章　采访那些事儿

谁在耽误新闻的保质期？

"要采访？发个采访函过来吧！"采访过程中，但凡遇到需要政府部门作出回应或解疑的时候，就会听到这句话。很多政府部门乃至企业从上到下都有一个统一的新闻发言制度，这个我们可以理解，但是，游戏规则是需要双方遵守的。"至截稿时对方未有任何回复。"无论是平面媒体还是纸质媒体，结尾处经常会出现这样一句话，这是不得已而为之，因为公众有知情权，新闻有时效性，有些时候不能因为政府部门不作回应，新闻报道就不出。

"10天前，35路公交车已取消，岗厦村站台的公交线路牌仍在，希望有关方面做好及时更新工作。"2009年12月9日，深圳市民黄先生致电本报表达了这样的诉求。按照市交通运输委员会接受媒体采访的一贯要求，记者当日中午就黄先生提出的问题向该委员会发正式采访函。次日上午，该委员会一位工作人员表示，采访函已转到派遣机构深圳市西部交通运输局，10日下午，记者致电深圳市西部交通运输局追问结果，被告知"领导在开会"。11日上午，记者再次致电该局，得到的回复是"领导还未批下来"。记者不禁回想起前段时间的一次相同经历，国家对矿泉水发布新国标，深圳各大卖场对新国标解读不一，食品安全问题不容忽视，记者就此向相关部门发采访函，希望得到权威解读，结果，苦苦等了将近3天后才得到回复。

事实上，为确保公众知情权，我们的政府一直在努力。2009年9月15日，深圳发布《深圳市人民政府新闻发布工作办法》（以下简称《办法》），在全国率先引入新闻发布"问责制"，规定对于新闻发布"不作为"、"不及时"、"不规范"、"不准确"等6种情形情况严重的，将启动问责调查并依法移交相关部门进行处理；对突发公共事件，以及有可能产生的影响公众生活的事件，原则上应在启动事件处置预案120分钟内发布已掌握的事件时间、地点、基本事实及现状等基本信息。

此举意在打造阳光政府，切实保障公民知情权。有专家评论认为，该《办法》的出台实施，就是要"让部门意愿让位于新闻规律"。请各部门扪心自问,在实际工作当中,你们表现出向公众和媒体负责的姿态了吗?

  矿泉水出新国标,增加了溴酸盐的限量指标,公众却不知新增的溴酸盐所谓何物;35路公交车已取消,部分站点的线路指示牌仍在。在政府有关部门看来,这些算不上社会热点和突发事件,然而,"民生问题无小事,百姓利益大于天"这个口号不是用来空喊的,关键在于是否付诸行动之中。长期饮用溴酸盐超标的饮用水,将增加癌症的发生率;公交线路指示牌不及时更新,会导致乘客在出行过程中晕头转向,难道这些都是小事吗?

叶淑萍

南方都市报

第三章　给名人卸妆

卸去厚厚的粉底，红颜老了莫遮掩，英雄末路莫不认，揭开镜头投射的伪装，还一串赤裸裸的真性情。

人人都需要一个梁文道

《噪音太多》、《我执》、《常识》，2009年书市殺黑的莫过于梁文道，一口气推三本书，并且立到荣登深圳书展的畅销书排行榜。无独有偶，去年广东高考作文题还題叫"常识"，无怪有人要说，梁文道不火都不行。

签名售书、搞讲座、上电视，梁文道成了近年来深圳人心目中最红的大叔。借用梁文道评论马季九时说的话，"越是有吸引力的人，我们越难相信他居然要彻庄诱惑，这是惟神。可是偶然有人要问：真有这么完美的人么？他是装的吧。他一定很压抑……总之，大家还是不能彻底信服你这张真正的脸孔，你要比任何人都竖聚发地证明自己的品格与能为。"

聪慧、博学方是天才，老文说，这些优势在情息膨胀的时代，其实都已经不那么稀罕，但当与它们同时呈现的并非刻薄、冲动、无满优越感的自以为是，泛商业或还娱乐、而是包容、客观、谦進和温和的时候，情况必然会有所不同。而这正是许多人喜欢梁文道的原因。他既是一个保持中国传统文化的人，又是开拓、包容的，他既是讲述者又是倾听者，甚至连他想到好处的语速和高低都是加分的理由，在忽深忽噹噹的时代，可能"人人都需要一个梁文道"。

正如梁文道在为《常识》作自序中所说，就想到印书，但它的真正意义是"面向公众"。美国社会学家米尔斯认为，"你们一遇到'电版'这个动词用不着介绍工具与技术的"本质"或者间述大段物理原则，而"只需要说这把刀子是不是太钝了，甚或于能换把新的"。梁文道曾把自己定位为"买办"，要把封镶在学术著作里的有趣的想法、很好的观念"翻给普通人，"开卷8分钟"是他的一种尝试，他的书也同样践于此。

贺林悟说，世界上有两种年代的人，一种读完了作品之后让你不会产生任何感觸，另一种却会让你特别去見上一見，梁文道显然就属于后者。"这是一个怠慢廟喧噴的时代，我们就像住在一个南哔哗的房子每一个人都放大了暉咙贱叫。"梁文道曾说，这是什么个人都要说话，但却没有人听的年代，懂得同时要比瘤闲说更姿蹇，梁文道将公众臟未越高深的盲论需求归结为："电作我们乘得太久了，不想再只能听话的傻孩子，所以我们现在都有话要说。"而周遭如此喧哗，必须把存腰趣得再幸动一点，由发言者的姿态更张伴一点，因为正是那些语调与姿态比他能够被人青见，或者其实都是作夜。

人人都需要一个梁文道

《噪音太多》、《我执》、《常识》，2009年书市最猛的莫过于梁文道，一口气推三本书，并且立刻荣登深圳书城的畅销书排行榜。无独有偶，去年广东高考作文题还就叫"常识"，无怪有人要说，梁文道不火都不行。

签名售书、搞讲座、上电视，梁文道成了近年来深圳人心目中最红的大叔。借用梁文道评论马英九时说的话，"越是有吸引力的人，我们越难相信他居然受得住诱惑，这是铁律。可是仍然有人要问：真有这么完美的人么？他是装的吧，他一定很压抑……总之，大家还是不能彻底信服你这张真正的脸孔，你要比任何人都要艰苦地证明自己的品格与能力。"

聪慧、博学乃至天才，老实说，这些优势在信息膨胀的时代，其实都已经不那么稀罕。但当与它们同时呈现的并非刻薄、冲动、充满优越感的自以为是，泛商业或泛娱乐，而是包容、客观、谦逊和温和的时候，情况必然会有所不同。而这正是许多人喜欢梁文道的原因。他既是一个保持中国传统文化的人，又是开拓、包容的，他既是讲述者又是倾听者。甚至连他恰到好处的语速和声线都是加分的理由。在急躁而喧嚣的时代，可能"人人都需要一个梁文道"。

正如梁文道在为《常识》作自序中所说，美国社会学家米尔斯认为，"你们一想到'出版'这个动词就想到印书，但它的真正意义是'面向公众'。"如果公众只是想知道一把剪刀为什么剪不断毛线，实在用不着介绍工具与技术的"本质"或者阐述大段物理原则，而"只需要说这把剪子是不是太钝了，甚或干脆换把新的"。梁文道曾把自己定位为"买办"，要把封锁在学术著作里的有趣的想法、很好的观念"翻译"给普通人，"开卷8分钟"是他的一种尝试，他的书也同样基于此。

塞林格说，世界上有两种好作家，一种读完了作品之后让你不会产生任何感想，另一种却会让你特别想去见上一见。梁文道显然就属于后者。"这是一个急躁而喧嚣的时代，我们就像住在一个闹腾腾的房子里，每一个人都放大了

第三章　　给名人卸妆

喉咙喊叫。"梁文道曾说，这是个每个人都要说话，但却没有人想听的年代。懂得听有时要比懂得说更要紧。梁文道将公众越来越高涨的言论需求归结为："也许我们乖得太久了，不想再当个只能听话的傻孩子，所以我们现在都有话要说。"而周遭如此喧哗，必须把标题起得再耸动一点，让自己发言的姿态更张狂一点。因为正是那些语调与姿态让他能够被人看见。被人看见，所以存在。"于是每个读者其实都是作家。"

而对许多人来说，梁文道的意义也就在于"我觉得如果是他，无论我的言论有多么幼稚和漏洞百出，他也必然会认真听完，并且不会嘲笑我"。在梁文道身上能够实现诸多"不可能"的理想或者幻想。比如你能够想象王小波会穿商业时装走T台么？你能够想象和易中天分享A片的心得吗？或者保证窦文涛在回应"接吻门"事件的时候，声线不会有暂时几度的提高？但如果对象是梁文道，这些似乎都是可能的。他是一个冷静的旁观者，靠谱的答疑解惑者，也是亲切的可以聊性幻想的大叔。

陈丹青说过，一个人的外表就等于这个人。127年前王尔德在纽约上岸，以一身镶黑穗紧身天鹅绒上衣、平绒灯笼裤和丝绸长筒袜颠倒美国众生。而梁文道则以平头、黑框眼镜、圆领白T恤、黑中装外套为深圳人打下自己的造型LOGO。无论他是否刻意为之,至少对似乎"五四"之后,内地文人就再不对与"造型"和时尚有任何关系的印象有所触动。原本大众热爱窥私是因为能够看到高高在上的人"也和我们一样",产生将偶像拉到泥尘里的快感。但当偶像们都像梁文道一样自己主动坐在泥尘里,这份感情又变得微妙起来。

周　吟

独爱残荷的倔强

我听见，一朵朵残荷都在细细讲述生命的禅意。

人们常喜爱红花绿叶的娇艳，而残红褪尽后的景象往往鲜有人关注，偶尔被关注也是归于悲观主义者凄悲之情的寄托对象。而我在张之先先生的《荷塘异象》中看到另一番景象，残荷、败荷也有"倔强"的一面。这种倔强不为世事变迁、随波逐流所动，哪怕生命到了最后一刻也要绽放美丽。

和张之先先生交谈三个多小时，我深深被他身上散发出的人格魅力吸引。2009年3月用了一下午时间写了近两千字社区人物稿件，但恨笔下不能生花，写出来的远不如感受的。张之先先生是一代画师张大千的侄孙，张先生不愿提起这个特殊的身份，乃至见诸报端时，笑称被媒体

"绑架"了。

　　张之先先生前半生是在重庆度过的,上世纪四五十年代出生的人,由于历史的原因,年轻时的张先生过得有点儿不堪回首。当过铁匠、工人、厂长,这些阅历让他时常思考我来这个世上该干什么,处于"胁从"的状态。来到深圳开八仙楼,热衷拍文人肖像,有点儿"盲从"。年近半百,开始拍荷花,从最初的小荷、新荷、盛荷,再到后来的残荷、败荷,逐步走到"自觉"的人生状态,用镜头实现了渐悟到顿悟的过程。

　　艺术讲究物我相融,荷的一生犹如人的一生,初长、灿烂、挫折、挣扎、枯萎,要得到荷花的灵气,首先艺术家要有自我的灵气。"生命只要还有一丝呼吸,就不要放弃。"张先生是个"倔强"的人,祖辈的那座山高高在上,即使子孙们都放弃绘画,他也要另立山头,追寻自己的自由和梦想。这个老人,看起来是那么的可爱。张之先先生镜头下的残荷、败荷都像重新获得了生命般,无论是朝霞下,还是暴雨中,生命的顽强那么淋漓尽致。就如他的一生一样,无论是商人还是文人,注定离不开艺术,骨子里流有祖先留下的有灵气的血液。

　　我看见,一朵荷花正值娇艳灿烂时被暴雨打成腰折,耷拉着脑袋,但没过几日,凭借仅存的生息,重新昂起了头,S形的躯干,鲜艳的花瓣,荷塘里其他的"佳丽"都败下阵来。我听见,一朵朵残荷都在细细讲述生命的禅意。

　　　　　　　　　　　　　　　　　米　燕

跑得快的香港金王

一个伸手不见五指的深夜，一群人在海里游了几小时后，陆续在香港东部上岸。上岸后，浑身湿漉漉的他们惊魂不定。突然，旷野中四下透射出手电筒的光柱，一条条照射过来，一群人四下乱跑。内地偷渡者到香港上岸的这一幕，在电影中常常有这样的镜头，现实生活中也有，不过多发生在上世纪70年代的香港。

2008年9月26日，素有"金王"之称的香港金至尊的创办人林世荣在香港猝死。被人问得最多的不是他的金厕所是如何富丽堂皇，而是同行的人都被抓，他一个侥幸的偷渡者怎么获得香港身份？跑得再快的人，拿身份证时也要露面啊？跑得快就可以领香港身份证？

说起偷渡者，就不得不提界限街，还真是跑得快就有机会拿身份证。一条名为"界限"的街道，实际就是九龙和新界的分界线。在香港听老人家讲典故，在早期的香港，沿着深圳河有边境线防止偷渡，驻在一线的多是军装警察，身穿军人服装，负责边界治安。旧时电影中警察上司说，"调××去沙头角穿军装"，即是派往边界的意思。同时在界限街的主要街道都有关卡，对于偷渡者来说，此关卡特别重要，只要跑过界限街，没有被新界的警察抓住，去警署自首，就可以拿身份证。香港老人家说，"经常一个偷渡客在前面跑，一个警察在后面追，看着偷渡者跑过九龙就不追了，所以说跑得快还是有机会的。"

"后来的香港，在1974年11月搞了个抵垒政策。像打垒球样，跑到了垒位就拿到身份证，连自首都不用。"上世纪70年代中期到80年代初，香港的抵垒政策吸引了大批内地人，起过一阵逃亡潮。只要偷渡者成功在香港上岸并到达市区，只要联络上在香港的亲戚，就可以去登记获得香港身份证。从1980年10月24日开始，最后三天执行这项政策。登记处门口排队的人从金钟排到中环，很多内地人赶着这最后三天到香港，甚至还有人为子女冒名顶替登记，26日零点一过，登记截止，大批没有登记上的人在门口呼天抢地，对于这一幕，很多香港老人家至今还记忆犹新。

"当时登记处的名字叫华人延期居留办事处,位置在金钟的乐萨大厦,后来香港城市改造,将大厦拆除了,在原址起了个香港公园。"香港老人家说,抵垒政策之后就是"即捕即遣",只要抓到就立即遣返,一直实行至今。

由此看来,林世荣能由偷渡者成为香港人,除了他跑得够快,另一方面,还是因为香港那段特殊的历史时期。

徐 超

作家与读者的浪漫距离

苏童向往的"美妙而浪漫的距离"已经随着电视和互联网的普及日益远去。

在作家苏童看来,读者与作家之间最美妙最浪漫的距离,就是见不着面,看不到照片,读者只能通过文字来想象作家是怎样的人。2009年3月4日晚,苏童在中心书城与读者见面,就像主持人胡野秋形容的,年过不惑的苏童,是一个优雅的苏州男人。

提起苏童,大家都会想到电影《大红灯笼高高挂》,跟同时期成名的所谓先锋作家莫言、余华一样,小说改编的电影让他变得家喻户晓。虽然他是一个多产的作家,但大家记得住的,似乎也就是改编成电影的那几篇小说,而大多数中国人,都是通过电视看的这部电影,可以说,电视作为大众传媒,帮他成了名。

如何看待电视、网络这些传媒,苏童的想法似乎很矛盾。很多读者站起来说,看了电影再看小说,从此喜欢上他的小说,苏童看起来很高兴,但他当天又拒绝了一家电视台的专访,说不喜欢抛头露面,还缅怀以前的社会,只能通过文字去联想,他觉得那时作家和读者的关系非常美妙,而且有一种浪漫的感觉,现在读者一搜就能搜到作家的照片,他认为网络破坏了这种感觉。

见面会上,发生了戏剧化的一幕,很符合苏童"美妙而浪漫距离"的向往。一位年轻小伙子,很兴奋地举手提问,说自己在南京的东南大学上学时,经常去一家叫"小毛音像"的店子买碟,老板小毛告诉他,苏童就住在附近,经常过去买碟,还推荐苏童买过的碟给这位小粉丝,但他从来没有遇到过苏童。

世界真小,苏童一听到"小毛"两个字就开始乐了,等不及小伙子说完,就开始回忆说他以前确实住在附近,经常去小毛店里买碟,"你上了小毛的当,也上了我的当,因为我总让他推荐别人不看的闷碟给我。"说完,他哈哈大笑。

可惜,苏童向往的"美妙而浪漫的距离"已经随着电视的发展和互联网的普及日益远去,看80后的人气作家,有

第三章　给名人卸妆

粉丝追星似的跟随他参加各地的见面会。而谁要想成名，就得借助传媒的宣传，不管长得如何，都打扮得很精致，不仅文字要讨喜，样子也要讨喜。而只要成了名，传媒就变成了枷锁，让人无处可逃，就像冯小刚说的，一个娱乐的时代，这是做明星必须要付出的代价。

冯　悦

经济学家炒剩饭

在金融风暴期间，有很多好玩的事情发生，如果你仔细观察，不难发现，在社会现象、经济领域、家庭婚姻等各个方面，无不千奇百怪、妙趣横生。

2004年我第一次见到郎咸平的时候，他正在批判股权分置改革，别人问他炒不炒股，他说坚决不炒，并号召大家也别炒。我没听他的，进了股市，再后来的事，大家都知道了。所以，再出席有郎咸平的活动，我总想冲上去问问他：你后不后悔，后来到底有没有炒过股？

本报2009年1月22日举行一个论坛，请来郎咸平讲金融风暴，据说门票炒到2000多元一张，还一票难求。我参加的论坛不算少，虽不稀罕费那么大劲再去看看这个有着硕大脑袋的经济学家，但在新闻见报后，我还是仔细读了一下，结果大失所望。

说真的，如果你经常在各种场合分别听过郎咸平的演讲，你就能理解我的感受。他的二元经济论和他的"1+6"产业链阴谋，我在半年前第一次听到时，觉得蛮震撼的，感觉他真是一个有思想有良心的经济学家，但是当你反反复复听他炒剩饭时，就会和我一样，觉得他像个"祥林嫂"了。

凑巧的是，就在不久前，我也听到另外一个经济学家国世平炒过一次剩饭。之前在一个论坛上，他就说了：2008年还是秋天，2009年才是冬天，2010年是隆冬，总之警告企业要谨慎又谨慎，进行储备性投资，不要扩张性投资。大概在一个月之后，我参加一个中老年事业论坛，当知道他有演讲时很兴奋，觉得又可以做个大新闻了。但结果是，他和郎咸平一样，将之前的话又重复了一遍。

当然，国世平最后将这些观点套进了中老年事业里，说投资中老年事业，也要谨慎投资云云。而这一次，郎咸平也在表述他的观点时套进了广东的制造业。两相比较一下，不难发现，这两位经济学家有一些共同的特点，比如他们都觉得未来将很严峻，真正的寒冬没有来，企业千万要谨慎，像是在互炒对方的剩饭。不过，我可以证明的是，这话说得最早的是国世平。但我猜测，炒剩饭这一招是郎咸平带的头。

实际上，经济学家或其他"论坛明星"和这两位专家学者一样，一个观点如果受到欢迎或产生了不错的效果，会继续在其他的公开场合重复表达，再根据论坛的主题进行适当的发挥。歌手靠一首歌唱遍天下，甚至唱一辈子。这种现象在人力资源专家眼里，是有基础能力但无循环能力。我们的经济学家们也是人，当然也可以用这几种潜力来分类，而且当然他们都希望自己既有基础能力、循环能力，又有指挥能力，能唱红一首歌，也能唱红很多歌，而且场场发挥稳定。

何况，堂堂一个郎咸平，有高于其他专家学者的出场费，背后还有那么一个团队在做资料的搜集、理论的研究以及文案的写作工作，应该不是什么大问题吧。作为记者，我也真心希望他们能场场都红。作为我等草根百姓呢，还是如长平老师所说，可以学学经济学家们的思维方式，而不要盲目相信他们的所谓预测。

刘晓燕

书中的人　对面的人

第一次看《激荡三十年》,是当做睡前读物来催眠的,但最终那一夜的觉却几乎被摧毁了。书一捧起来之后就是"废寝",过往的历史在指尖一页页翻过,中国当代的经济史在眼前展开。更让我兴奋的,是众多重大的历史事件都发生在深圳,这座我每日奔波的城市之中。之前接触到的人、路过的大厦,都在书中飘过。

2009年12月27日,阚治东在南山科技园携自己的新书《荣辱二十年——我的股市人生》亮相。那天我特意叫了摄影记者,告诉他这个人不仅仅是"金融教父",也因为他在深圳丰富的金融经历,无论是已经成为业界神话的深创投,还是后来轰然倒下的南方证券,阚治东的名字都与之紧紧相连。另外,我还告诉摄影,这个人实在太过低调,尤其是在南方证券事件之后，这次多拍点以后可以留作资料图。

　　与阚治东最早的接触，是两年前他经历过南方证券倒闭后的牢狱之灾后重获自由，在荣超经贸中心他的投资公司办公室内，他终于详细谈起了期间的种种内幕，他的无奈，他的感慨。遗憾的是，在阅读完我的成文之后，他坚决不同意我发表。"这件事情牵涉到太多的方面，包括政府层面"，他的多家公司在深圳运作，考虑的还有更多、更深层次，我的这篇稿件最终只能无奈撤稿。但没想到的是，两年之后他却写书主动大揭内幕，包括当年还是市委组织部长的许宗衡打电话叫他到办公室，递上一支"芙蓉"烟，称他是主持南方证券最适合的人选之类的细节。

　　阚治东的人生是中国股市20年沉浮的一个缩影。对于中国证券历程有所了解的人都知道这个名字：主承销第一只A股、第一只B股，发行第一张金融债券、第一张企业短期融资券；设立第一个证券交易柜台，参与发起设立上海证券交易所；编制国内第一个股票指数和全国第一份股票年报等等。在新中国第一代证券人中，相比万国证券总裁管金生锒铛入狱、上交所总经理尉文渊黯然辞职，"上海滩证券三猛人"中的阚治东无疑算是最为"幸运"的一个了。

　　那天到场的也都是高规格阵容，名字也都在书中闪现：有风趣幽默的深圳创投同业公会常务副会长兼秘书长王守仁，有"厉股份"之称的厉以宁，以及他的儿子厉伟，出现在《激荡三十年》中的他那时还在宝安集团。如今，每一个名字也都成了一面旗帜。采访阚治东，面对面采访曾经的书中名人，有时候会产生一种时空交错的幻觉，如同在《聊斋》故事中，书中人翩然而下。

  河流经过急流险滩时波涛汹涌，而在平原之上却是从容平和。有时候也在想，当年那些令人激情澎湃、热血沸腾的故事，那些令像我这样的青年夜不能寐的传奇，为什么在今天的深圳难以寻觅了呢？看着对面的人，讲述着曾经是书中那个人的经历，不免慨叹作为记者，我是一名记录者，却没能成为参与者。

徐维强

一蕉掷出的老年福利

林语堂说他关心政治却讨厌政客。他讨厌政客喋喋不休的争吵和他们的嘴脸。试想这位幽默大师仍健在，听到目前台湾政局各种"嘤嘤嗡嗡"之声，不知是觉得厌烦还是好玩。

因为工作的原因，我也有机会到香港看看那里政府和立法机关的运作。闲时回味起来，倒觉得有些幽默、可爱的味道。

首先在官员的称呼上面。许多香港高官都有外号，如特首曾荫权的"煲呔曾"家喻户晓。而留着胡须的财政司司长曾俊华，则被冠以外号"胡须曾"。

相比之下，政务司司长唐英年有些吃亏。长着一张长脸的他，其实"尊容"颇可观，奈何媒体不满意时，要叫他

"马脸唐"。而新科立法会主席曾钰成,外号阿曾。听起来像小名一样,倒是亲切不少。

说到立法会,不得不说一件趣事。2008年10月15日,特首曾荫权在立法会发布他的施政报告《迎接新挑战》。在全球金融海啸的冲击下,曾特首的报告,在立法会中就已经面对不少挑战。最近因为通货膨胀厉害,香港各界都在呼吁提高老年津贴。曾荫权宣读施政报告的时候,门口就有一大帮老人家在高喊口号。但考虑到未来财政的压力,曾荫权还是明确表示,不提高老年津贴。

这真是一石激起千层浪,现场立刻就有议员表示反对。有一位议员甚至破坏会议议程,突然站起来,拿起早已准备好的香蕉,向曾特首扔去。虽然最终没有击中目标,但这个香港立法会前所未有的经典动作,在会后迅速成为全城话题。

谁知"一蕉掷出新乾坤"。在一个多星期之后,曾荫权考虑到各方面意见后,又表示同意增加老年津贴了。24日,曾荫权带领一帮政府官员,出席新一届立法会议员的午宴时,就跟议员们透露了这个消息。一时自然皆大欢喜。

而就在饭饱之际,准备上果盘的时候,曾荫权见当日扔蕉的议员不在,竟然主动开玩笑说:"××不在这,不是没蕉吃?"众人听完哈哈大笑。

无独有偶,在午餐会开始之前,立法会主席阿曾已经先幽了一默。他说有准备生果给大家吃,而在场人士如果"自备生果",也不用"扔"出来,交给职员就可以了。

有人说,中国人受到几千年"官本位"思想的影响,已经奴性十足;也有人说,现在中国普通老百姓,都有仇富仇权的心理。是爱是恨,那是见仁见智的事情。有时带着一份平常心来观察这些走来走去的官员,倒又另有一番趣味——当然,前提是这些官员本身要有些趣味在。

庄树雄

不老的红颜

2008年10月24日,在深圳举行的中国流行音乐盛典授勋晚会前,陈红携蔡国庆第一批走上星光大道,当主持人孙浩介绍这是谁谁谁,在一旁准备欢呼的观众们犹豫了,这还是曾经无数次在央视晚会出现的女歌手陈红吗?眼前的陈红,波波头,如墨的刘海盖眉,烟熏眼冷艳魅惑,脸,似乎比以前小了一半。

在记者见面会上,电视媒体让每位歌手通过镜头向观众问好,轮到陈红,她一瞥镜头,提醒说:"没有开灯哦!"当镜头灯光开启,照得她肤白如雪时,她才笑面如靥。一位误闯进来的男士,打招呼说:"你怎么又年轻了十多岁!"显然是熟人,让陈红尴尬不已,开始说话结结巴巴。

孙悦在陈红之后接受采访,现实版的她真有点让人不适应——穿上高跟鞋也就一米六左右，腰细得一手可握，这小身板很难想象属于一位年过三十、有个一岁半孩子的母亲。让人吃惊的还有她的小脸、尖下巴、高鼻梁和双眼皮，一张立体感十足的脸，跟唱《祝你平安》时判若两人，显然不只是化妆的效果。

这一幕让我想起9月底来深圳开演唱会的刘若英，媒体见面会上，有人问她，是否想过没有从事这一行，人生将是怎样？刘若英哈哈大笑，她说，如果不做艺人，以她现在的年龄、慵懒的个性，可能是一个邋遢、臃肿的女人。刘若英也许说出了娱乐圈很多女人的心声，工作要求她们保持年轻，保持身材，即使同龄人都成了肥师奶，她们也要美丽依旧，瞪大眼睛、嘟着嘴巴在镜头前扮青春可爱。

前两天看网络八卦，说51岁的香港艺人郑裕玲用果酸换肤上瘾，不顾美容师的劝阻频繁"变脸"，虽然镜头前她脸上的皮肤如婴儿般嫩滑，其实已经严重灼伤。消息不知是真是假，但此前关于艺人整形、美容失误付出惨痛代价的报道屡见不鲜。工作需要她们外表光鲜，漂亮脸蛋、魔鬼身材，是她们获得收益的成本之一。

也有例外的，10月初台湾艺人张艾嘉来到深圳为她即将出演的舞台剧《生活与生存》做宣传，几位同行忍不住感慨，岁月催人老啊。

岁月留在张艾嘉脸上的痕迹：肤色暗淡、法令纹、鱼尾纹，还有大臂上松弛的皮肤。而张艾嘉自己，只是略施粉黛。作为才女的张艾嘉，导演、唱歌、表演一肩挑，美貌只占她事业成本很小的一部分了，也许只有修炼到她的这种程度，才能从容赴老，不担心红颜老去，事业随之消失。

冯 悦

学了一个新词"腐女"

2008年11月23日,在中心书城采访郭敬明签售新书,活动一波三折,和郭敬明的粉丝一样去了两趟,苦候两三个小时,不过终有收获:学到一个新词"腐女"。据说"腐"在日语中的意思是无药可救,这个词专门形容喜欢幻想两个男人相互有感情的女人。

在等候郭敬明到深圳签名售书中与同行们闲聊,发现原来大家都身负朋友或同事的重托,为弟弟、妹妹或女儿要郭敬明的签名。不禁感叹:"他原来这么火!"有同行中午在中心书城吃饭,见识到了签售现场的火爆:可以容纳数百人的南区大台阶,从上午开始就有人霸位,中午就坐满了人,其中大部分是中学女生,狂热的粉丝们还不停喊郭敬明的昵称"小四"。

"郭敬明到底是个怎样的人,这么多人喜欢?"有位同行发出疑问。当大家告诉她,郭之前写过哪些书,郭的身高和体重可能跟蔡依林差不多,打扮很新潮,妆容很精致,在博客上经常贴出唯美的照片,这些照片中部分还是上身半裸,同行更吃惊了,"那他有什么魅力?"有人笑着反问:"那李宇春有什么魅力?"

　　可是郭敬明确实有魅力,特别是对"90后"的女生。同行中有位潮人,经常混迹天涯论坛,她说郭敬明被人称做"菊花教教母",他的粉丝中不少自认为是"腐女"。"腐女"这个词如今在"80晚期"和"90后"人群中非常流行,喜欢幻想男人之间的感情。这个解释让大家十分吃惊,竟然有这样的女人,幻想这些对她们有什么好处?

　　时间接近下午两点半,工作人员接到一通电话,说郭敬明上吐下泻,没法按时到了!听过少许郭此前负面新闻的人不禁犯嘀咕:到底是不是真的?工作人员说,因为跟着郭的只有一位女工作人员,不太方便,现在他们司机正在照顾郭,看来上吐下泻是真的。

　　第二天上午,郭敬明兑现了他的承诺。记者挤不进现场,从远处看郭敬明,印象最深的就是他的手,很白、很瘦、很小;还有他的鼻子,很长、很高、很挺。而身材瘦小的他,签售时被"埋"在了粉丝堆里,大家都看不见了。

　　出于好奇,采访结束后翻看了郭敬明的新书,背景是冰冷的大上海,充斥着各种名牌和奢侈品,男女主角多数家里很有钱,不时还用英语对话,很少形容几个女主角的容貌,而男主角在作者的描述中个个都是美男子,书中的女孩子似乎多少有"腐女"的倾向,幻想两个男人之间的暧昧关系,有人甚至激动得要晕倒。

　　有同行说,不会让自己的孩子看这样的书,下次采访郭敬明一定会问,为什么会这么写,他在青少年中有这么大的影响力,有没有想过这么写对他的粉丝会有怎样的影响?大家安慰她说,当年安妮宝贝也面对这样的质疑,而如今,还有多少人记得她呢?

冯　悦

郎朗的父亲曾逼他自杀

2009年1月,从童话节的采访现场出来,在市民中心公交站台我遇上了一对母女,女儿抱着一把小提琴哭哭啼啼:"我不去香港,我就是不去香港。"母亲见我在看她们,不好意思地说道:"我让她回香港练琴上课,她不喜欢去。"

孩子依旧哭闹着:"我本来在园岭小学上得好好的,为什么让我转学?"母亲笑了笑解释:"因为我们是香港人,为了方便她升中学,于是早点将她转学了。"听到这句话,女儿故意将鼻涕蹭到了母亲的衣服上,"不,你不是香港人,你是西安人。"刹那间,母亲脸上闪过一丝尴尬。

为了让孩子能有更好的学琴环境,为了让孩子受到自己认为好的教育,家长不惜将小孩从深圳转学到香港,纵使孩子是千般万般的不乐意,每次回深圳后都不想去香港,纵使孩子并不喜欢学琴。天知道全国有多少小孩的童年都是这样被父母破坏，在别的孩子幸福地玩耍时却被家长逼迫做不喜欢做的事情。

2009年的最后一个月，郎朗来到了深圳举办新年音乐会，音乐会头一晚郎朗给100名深圳小琴童在音乐厅上了一堂公益钢琴课。元旦逛书城时，无意中看到一张帅气的封面，黑色的外套与白色的衬衣相得益彰，也与钢琴键盘的颜色相符：《郎朗自传：千里之行——我的故事》。为了弥补未能现场听郎朗音乐会的遗憾，头一次买了本帅哥的自传。在我看来，某种程度上父亲郎国任的执著成就了郎朗的今天，但同时也剥夺了郎朗儿时的许多快乐。

令人不曾想到的是，朗国任还曾逼郎朗自杀。幼年的朗朗不到两岁时就开始接触钢琴，童年几乎都与钢琴相伴，只要他做些顽皮的事情，就会受到父亲的责罚。为了让儿子学琴，郎国任还辞职带儿子到北京求学，向亲朋好友借钱带儿子去考试。

郎朗与父亲有时因为练琴发生冲突，一次郎国任误会朗朗贪玩，没有准时学钢琴，便歇斯底里吼叫道："我为了你放弃我的工作，放弃了我的生活！你妈为了你拼命干活，勒紧裤腰带过日子，每个人都指望着你……你还不练琴,你还不照我说的去做。你真是没理由再活下去了。只有死才能解决问题。即便现在就死,也不要生活在羞辱之中!这样对我们俩都更好。首先你死,然后我死。"郎国任随后拿起一个药瓶让郎朗全部吞下,"吞下去,你就会死,一切都会结束……如果你不吞药片,那就跳楼!现在就跳下去!跳下去死!"

父亲的话语给了郎朗很大的伤害,并在很长一段时间内,郎朗心里的伤口都难以愈合。虽然父母对孩子肯定是真心的,但望子成龙的迫切会给孩子带来不完美的童年,并让他有一生的遗憾。

吕 婷

王石的肾

2005年11月30日中午,"根本社区网"的CEO小娄及总编辑八分斋请我们报社的社区记者吃饭。

席间,美女记者陈祺聊到她前天采访王石,神采飞扬。

可以看出,陈祺是崇拜王石的。她说,她看到王石热了,脱衣服了。王石脱下了深蓝色的粗布外套放在腿上。粗布外套的牌子标签不认识。质地很差,皱巴巴的。蓝白相间的衬衣比较平坦,但衣领已经发黄并且破损,裤子是那种土得掉渣的蓝色牛仔裤,袜子很像她小时候穿的2元5毛一双的非棉质袜,而鞋子也很丑陋。手表,是一个完全掉色的手表,让人感觉是垃圾堆里掩埋了很久的破烂。

陈祺说,王石有其超人魅力一面,而且这种魅力是无可阻挡,必然会被世人知晓,被大部分人崇拜,被部分人膜拜的。他说话语气坚毅，吐词清晰，面带微笑，用词恰当，思维连贯有激情，照顾到每一位记者，普通话标准……

一向八卦的女记刘半仙突然问道：王石身体怎么样？

我知道，这话问得寓意深远。

陈祺答，我觉得王石的肾有问题。

陈祺的回答是有原因的。王石接受采访的3个小时里，他不停喝茶，估计喝了10多杯。其他人基本都上了厕所，还有人去了两三次，并且这些人喝的茶远少于王石。但是王石却坐得一动不动。于是，很多八卦的记者，尤其是女记者怀疑王石的肾有问题。

我们桌上，有一个孕妇。她听完陈祺的讲述后，替王石愤愤不平：谁说王石肾不好？肾亏的人才总去厕所。

陈文定

读不懂的张朝阳

从任正非到马化腾,从郭台铭到霍英东,每做一次人物报道,对我来说,都是一次学习的机会,从他们身上,我或多或少都有些人生的领悟。但无论怎样,人们对他们都有一定的定论,而且不会有太多的相左评论。

但是,在本报进行改革开放30年30人的候选人中,我在写完张朝阳之后,却有了完全不一样的感受:有时候,我觉得比做其他任何人物报道都要深刻地理解了这个人,有时又会觉得这个人真的让人捉摸不定。

产生深刻共鸣是因为克里希那穆提。当我在搜集关于张朝阳在这30年改革开放中对于发展10年的IT业的影响的资料时,看到了除了文字之外的影像资料——"鲁豫有约"访谈张朝阳,说句让鲁豫生气的话,看得我有点急,因为从一开始，张朝阳想要表达的就不是她问的那些问题，他想说让自己的生活过得有趣是第一位的，其他都已经不重要。

我从他的表情和语言中，看到了克里希那穆提身上的空性，尽管那是模仿的，不过，起码也意味着那是他的愿望。这个视频越到后来越是印证了我开始的感觉，看完我很兴奋，认为自己抓住了这个互联网最长命的CEO身上最核心的东西——他是克里希那穆提的信徒。

后来，我在《中国企业家》做记者的师兄告诉我，当时他和同事采访张朝阳后也有同样的感觉，写了一篇文章，叫《张朝阳，不断自我删除》，再后来又看到了些资料，关于他因为互联网泡沫破灭，搜狐股票狂跌至1美元以下，被折磨得焦虑不堪、身心憔悴，于2002年开始看心理学等书籍，结果过度分析自我搞到有点走火入魔，到2007年接触了佛教的精神，读克里希那穆提的书，最后让他找到平静，获得了自由。用他自己的话说，"活明白了，很自我"，到现在，因为没有结婚没有孩子，又很有钱，在公司有绝对的话语权，想做什么就做什么，甚至有点"不能承受生命之轻"了。

当然，因为他太特立独行，以至于很多事对很多人而言无法理解。我有个朋友对我的感悟深为不屑，她认为张朝阳"现在就是一个有钱的、神经兮兮的疯子"，甚至指责他没什么道德底线，煞有介事地说他每月给5万生活费包养大学生云云。她还开玩笑说，如果搞一个贱男评选，宋祖德做形象代言，李咏主持，赞助商是剑南春，其中旗舰（奇贱）店就选张朝阳。出于和张朝阳一样的多疑，我到网络上进行了一番"人肉搜索"，还真的找到了一个模特所写的《我与张朝阳的情爱故事》，还有不太像PS的两人亲密大头照。

尽管他对一切关于自己的绯闻加以了否定，说那是拿他炒作，但是，在一个访谈中有人问他认为自己的缺点是什么时，他怎么都不肯讲，因为"那会暴露我的心魔"。真的很好奇，张朝阳的心魔到底是什么，为什么我的师兄眼中会有两个张朝阳呢？也许，张朝阳活到他自称的150岁，才会明白地告诉我们答案。

刘晓燕

第三章　　给名人卸妆

潘石屹偷爬二线关

　　据说，曾在1987年爬铁丝网"非法入境"的潘石屹至今仍对特区的二线关耿耿于怀。上周我终于知道了原因：那会儿，森严的二线关铁丝网高达2.8米，一是因为高，二来也处处是"有电"的警告，所以，从四面八方奔向深圳但又没有特区通行证的人们就想办法从网下面的空隙爬进来，但必须有人协助，价格是50元。于是，潘石屹也花了50元请人帮助爬过了网。

　　这个八卦是我从2008年12月"深圳民间记忆"开播的新闻发布会上听到的，后来我到网上去核实过细节，确实不止一个人提到过如今地产大亨当年的这段糗事。只是大家不知道老潘当年爬的网有多高，也不知道他还为此花了50元——当时，这可是笔巨款啊！可见深圳对老潘的吸引力有多大。

从12月15日开始,这部纪录片同时在央视12套和深视播出,分别有12集和8集两个版本。从片花和介绍来看,像老潘这样的名人不少,甚至还有王石,他们和其他人物一样当时也是普通的老百姓,从偷爬二线关到特区当年的工资收入变化,从华强北由乡村变身电子第一街到第一代打工妹……他们在谈到过往岁月时,很多都情不自禁流下了泪水。让人感觉到,无论深圳带给人们什么样的复杂回忆,骨子里,人们都对这片土地爱得深沉。

这部片子出来不容易,出品人邓康延过去在《凤凰周刊》做过主编,文人气质一望便知,他得知出版人南兆旭写了一本《深圳细节》的书后,建议并支持他将文字变成了影像。后来,这部来自民间的纪录片得到了深圳市委宣传部、市文联的资金支持,解了燃眉之急,又被央视和深视看中。

我很好奇,能做出这种片子的人到底是个什么样子,在发布会上,撰稿人南兆旭只愿谈片子的细节却不想发表正式的讲话,他忧郁但绝无书呆子气,他沉默却并不迂腐。熟悉他的朋友说,他既是文人又是商人,邓康延也是如此。正因此,他们会出版《哈佛模式》之类的畅销书,也能沉下心花费3年打磨出"深圳民间记忆"。

后来,我有幸看到了还未出版的《深圳细节》一书,

第三章　给名人卸妆

让我印象最深刻的是,上世纪80年代,凯达玩具厂和中华自行车厂(CBC)收入很高,曾一度流行"有本事就娶个凯达妹"的口头禅,能穿身CBC标志的蓝色工作服是一种骄傲,正如上世纪90年代的华为员工外出活动都喜欢戴着工卡一样。这让我有种时空转换的错觉——若干年后的人们看现时的我们,会不会说炒股、炒房及时脱身的人最自豪呢?

看着看着,我恍惚生出一种奇妙的感觉:邓康延和南兆旭帮助深圳人像拾麦穗一样拾起了一个个集体记忆,这样一小群文人中的商人、商人中的文人做这种事,本身就是深圳特有的一种现象。或许在未来的某一天,他们和他们做的事也会成为人们的集体记忆,这记忆中也包括你和我。

刘晓燕

整蛊周星驰

如果太注重讲究朋友之道，凡事都要考虑周全，恐怕也没多少心思去做事了。周星驰被曝遭人骂不是第一次，2009年3月，媒体来了个集结号，把有史以来对他的非议指责和埋怨一股脑儿全挖了出来。有人还列出了周星驰得罪的"15位名人"，连黄圣依也位列其中。可谓搜肠刮肚，极尽所能。

江湖上混不容易，娱乐圈混更不易。21世纪以来周星驰出片的频率一直是慢节拍，几年一部。步子慢了，出片少了，从这些外在表现别人说他的时代过去了，也无可厚非，尽管也可能因他对自己的要求更认真，更严苛。

他曾主演过电影《整蛊专家》，时至今日，在整蛊专家方面，他与媒体相比只是小儿科。媒体预设的主题很明确，出片少了，就是时代过去了，无论你努力与否，认真与否。如果恰好又有不少人说一些不痛不痒的风凉话，媒体就更兴奋，此之谓延展性。

与此类似的情况有很多，王朔几年不出书，就会有人评说他江郎才尽；谢霆锋几年不出新歌，就会有人说他已过气；百家讲坛收视率降了，就会有人说它进入了"死亡倒计时"。这是媒体的选题，然而却往往与当事人自己的道路无关。

圈中是非难说清，媒体片语更难信。这不，在诸多人对周星驰的倒戈声音出炉之后，旋即又有一票人出来力挺。媒体自然将不同的表述划分为"挺周派"和"倒周派"。冲突是新闻的要素之一。如此的各执一词，也更有利于体现人的复杂多面性，不同人的眼中有不同的周星驰。

最终媒体终于捕获了周星驰的回应。原来他跟事件始作俑者文隽根本不相识。对于媒体的热炒，他一笑置之，表示自己的工作都忙不过来，这些闲言碎语无暇顾及。文隽这头说的话也客观："远离了我的原意。无论是周星驰还是我，都没有办法控制（事态）。所以我也只能以平常心对待了。"

星爷的旧账，仔细翻翻，真正对他有点记恨并一以贯之的，也就是老人家李修贤。他当初带周星驰出道，颇以"提拔"之功自居，对周星驰日后的冷漠略感不爽。这次事件后,他也力劝周星驰"珍惜朋友"。

　　对做事业的人来说,如果太注重讲究朋友之道,凡事都要思前想后,考虑周全,恐怕也没多少心思去做事了。人非完人,面对取舍,总难两全。重要的是,他曾经给我们呈现过一些让我们记住的作品,并且至今仍在努力。

　　到"星爷一出声,众人忙撇清"时,已足以证明这是一出媒体自导自演的闹剧,供闲人作谈资罢了。至于事件中涉及的圈中人,新闻纸上的炒作基本上与他们的生活无甚相干。对周星驰来说,基本上是在当事人缺位的情况下被媒体整蛊一番。

　　何洁埋怨天娱热衷炒作,无视音乐。其实媒体对炒作事件的热心也远大于对音乐本身的关注。市场需求使然,天娱顺其道而为之,谈得上功利,谈不上恶劣。

　　每个人都很忙。娱乐圈的言论自由几无边界,事儿总要去说,生活中少了这些星闻轶事也太过乏味。但总要靠谱沾边,媒体无聊,不如去看看宋祖德的博客。

杨　涛

沙滩"艳照门"会让天塌下来吗？

论近年来的出镜率、曝光度，章子怡风头之劲，无人敢出其右，在尺度较严的我国，当之无愧新一代国民女优。身为新时代女强人典型，魅力、野心交织的神秘东方符号，章老师2009年伊始却重蹈了去年初陈老师的覆辙，卷入一场沙滩"艳照门"风波中。

在整组81张照片中，章老师和男友为同胞们演示了如何在沙滩上展开活动的整个过程，包括前戏、涂防晒油、堆沙包、按摩臀部、嬉戏、浪中追逐等多个环节。

失去节制的窥视欲已全球联网，章子怡和未婚夫在海滩的日光浴照迅速上网成为大众消费品。这不禁使人疑惑，还能给明星留点隐私吗？作为明星，在公众场合接受媒体的挑剔本就是职业的一部分，但如今的镜头无孔不入，全无隐私，这究竟是明星的痛苦，还是时代的悲哀？我想，核心恐怕还是金钱利益的驱动，在一通空洞而逻辑混乱的愤懑后，杨澜呼吁："我们能不能多管管自己的生活，让明星们也能有一个呼吸的空间？"

有时不得不承认，民众的智慧要高于顾忌众多、高居庙堂的知名人士。面对沙滩事件，人们在开心网等公开场所七嘴八舌。我那群不成器的好友们意见各异，有认为子怡姐该去削掉点髋骨的，有觉得章老师后面够凸、前面够翘的，有好不容易见着偶像身体后欣喜若狂的，也有不以为意对影集不屑一顾的。林林总总，汇成一句："有啥大不了？"

章子怡早已不是张艺谋热捧的那个大姑娘了，她早已告别了稻田麦花香、告别了她的父亲母亲；她来到了好莱坞，她和权势男友热恋，她被认做是东方美的注释，她甚至要和邓文迪一同开公司，打造女强人们自己的传奇；回到沙滩——那是片国外的沙滩，子怡在那片沙滩几乎算得上顶保守的一个——一个日渐西化的国际偶像被狗仔偷摄了几张春光乍泄图，何足挂齿？

男女之事，人之常情，在我国却总陷入扭捏。极目远眺，看眼西西里。2001年夏，作为罗马队的铁杆粉丝，意大利著名影视明星费里莉允诺若罗马夺冠，她将在球迷面前表演脱衣舞。2001年6月24日晚，古罗马竞技场的罗马队夺冠庆典呈现令人兴奋的一幕：费里莉缓缓脱去白衣长裙，露出了半短的红色衣裙……

我并不要求子怡姐姐也许诺，中国男足世界杯夺冠了就一饱国人眼福，只恳求杨澜和极富社会责任感的各位老师们，类如沙滩"艳照门"等事件出现时，不要扮演这些"天将倾"的拙劣戏码。

叶 飙

第四章 江湖在哪里

走到哪,哪里都是江湖,灵魂游离身体之外,飘荡在空中,让我们再辨一辨这张江湖地图。

生命中不能承受苦难之重

2009年11月19日中午,坐在位于龙华永水新村老街一楼的一条出租屋内,我浑身打哆嗦。房子四周根据手机包围,外面阳光温暖,可屋无淡黑剥进来,屋子有些阴森。

奋发的被调,我感觉忙记掉弹了心里。

陈菊花刚刚失去了儿子,还有几天就满两岁的那15可爱的儿子。没有像儿子被哈时失的祥林婆那样是人便啊时明,她很冷漠,坐在椅子上,说起老公演里怎么不容易多么贫困。他们结婚时还要礼送现留,说搞现在躺在殡仪馆没被火化的儿子如何聪明可爱,但她每个早想只能花两元线买那韭岭哈拾儿子解饿,我坐在她轻时栖身的老乡的出租屋里,紧紧南个小时,她意终没有哭,没有一滴眼泪,说到伤心处,以沉默代替。

老公侯建成坐在旁边,活不多,纯情和妻子无异。

目睹了太多呼天枪地的悲痛场景,对于陈菊花夫妇俩,这种解释比较合理,两人将悲伤和绝恨隐忍在心底,无归抒愿抑,无泪言说,只有自己体会,作为外人你能感受到他内心的一股强大力量,要哪起事波地洁者,哪怕眼眶泛红。

事实上,如果没有精神力量支撑,这俩人早就柳下了。17年前,侯建成的哥哥惠肺结核病故,终年20岁。那时,侯建成13岁。次年,父亲因病去世,终年40岁,本月10日,侯建成的儿子侯政洁不幸跌入水缸淹亡,终年两岁。

来深圳仅仅18天,命运给了这波浪谋求生,扎扎江江会边缘的河南人当头一记闷棍。陈菊花在家门口洗衣服,儿子在屋子里,5分钟后她选屋发现儿子玩水倒栽在水缸里。

命运如此残酷,又如此不公。有人殊风搏浪,有人遭遇糊涂遭这夜间。

这不只泪,陈菊花又变为人之母了。一个生命逝去了,一个生命即将诞生,人生百态,命运无常。没

要还是苦笑,以哭的方式哭,在死了的伴随下活着,无论你的遭遇多么英烈《活着》,活着,不管是屈辱还是风光,活着,不管是醒澈还是糊涂;活着,不管忍不愿意,喜不喜欢,都是活着……活着,它的力下是来自喊叫,而是忍受,去忍受生命赋予我们每个人的责任,去忍受现实给予我们的幸福和苦难,空间我以为,苦难是有底线的,就如同人对苦难的承受是有底线的,但写

家建成夫妇是否已经被逼到崩溃的边缘,
老哀惠房子

第四章　江湖在哪里

生命中不能承受苦难之重

　　2009年11月19日中午，坐在位于龙华水斗新村老围一楼的一套出租屋内，我浑身直打哆嗦。房子四周被握手楼包围，外面阳光温暖，可是无法照射进来。屋子有些阴湿。本来天气就冷，听着挺着大肚子的陈菊花的叙说，我感觉已经冷到了心里。一种刺骨的、无力的、悲伤的、窒息的冷。

　　陈菊花刚刚失去了儿子，还有几天就满两岁的乖巧可爱的儿子。没有像儿子被狼叼去的祥林嫂那样逢人便唠唠叨叨，她很冷静，坐在椅子上，说起老公家里多么不容易多么贫困，他们结婚时连喜酒都没摆；说起她现在躺在殡仪馆没钱火化的儿子如何聪明可爱，但她每个星期只能花两元钱买瓶娃哈哈给儿子解馋。我坐在她暂时栖身的老乡的出租屋里，整整两个小时，她始终没有哭，没有一滴眼泪，说到伤心处，以沉默代替。

老公侯建成坐在旁边，话不多，表情和妻子无异。

目睹了太多呼天抢地的悲痛场景，对于陈菊花夫妇俩，这种解释比较合理：两人将悲伤和悔恨隐忍在心底，无泪的悲伤，无法言说，只有自己体会，作为外人你能感受到她内心的一股强大力量。顽强地卑微地活着，哪怕跟跟跄跄。

事实上，如果没有精神力量支撑，这家人早就崩溃了。17年前，侯建成的哥哥患肺结核病故，终年20岁。那时，侯建成13岁。次年，父亲因病去世，终年40岁。本月10日，侯建成的儿子侯政浩不幸栽入水缸溺亡，终年两岁。

来深圳仅仅18天，命运给了这家艰难谋生、挣扎在社会边缘的河南人当头一记闷棍。陈菊花在家门口洗衣服，儿子在屋子里，5分钟后她进屋发现儿子玩水倒栽在水缸里。

命运如此残酷，又如此不公。有人春风得意，有人屋漏偏遭连夜雨。

这个月底，陈菊花又要为人之母了。一个生命离去了，一个生命即将诞生。人生百态，命运无常，该哭还是该笑？以笑的方式哭，在死亡的伴随下活着。夫妻俩的遭遇多么类似《活着》。活着，不管是屈辱还是风光；活着，不管是甜蜜还是酸楚；活着，不管愿不愿意，喜不喜欢，都得活着……活着，它的力量不是来自喊叫，而是忍受，去忍受生命赋予我们每个人的责任，去忍受现实给予我们的幸福和苦难、无聊和平庸。我以为，苦难是有底线的，就如同人对苦难的承受是有底线的。突破了，也就崩溃了。我不知道侯建成夫妇是否已经徘徊在崩溃的边缘，但我看到的，他们对未来的生活依然充满了希望。挣钱，还债，回老家盖房子。

过几天，侯建成照例出现在水斗新村路边，炒花生，削甘蔗，煮玉米，继续做点小生意。生活继续，没有比日子更漫长的路。

走出屋子，老围股份公司门前场地，一群妇女带着各自的小孩在晒太阳。天真无邪的小孩子们奔跑嬉戏，妈妈们眼里充满慈爱。如不是出事，此时陈菊花也应该在她们之列，倚靠在墙边，让肚子里的宝宝晒晒太阳。一边，她的儿子向她欢快跑来，亲热地叫喊妈妈。

恍然一梦，已成追忆。

夫妇俩把儿子的眼角膜捐了，本来打算把儿子的遗体也捐了，但由于年龄太小，器官未发育完全。儿子的眼角膜让一老一小两个人重见光明，而他们也在路上苦苦寻找光明。

陈　铭

历史遗留问题是个什么问题？

2009年12月8日下午，在南山区西丽街道珠光村一所简陋的农民房里，钟家泉和他的多名工友坐在地上，身边摆放着数十张各类医院的检查报告和胸片。他们接过了耒阳籍老乡的接力棒，成为又一批为矽肺职业病鉴定奔波呐喊的农民工。在摄影同事的要求下，他们一个个赤裸着上身挨个拍照记录，曾经坚挺的胸膛变得瘦弱不堪。

采访间隙，将一包烟拆开分发给他们时，却全部被婉拒。钟家泉指着自己发黄的牙齿说，有着15年烟龄的他，因为尘肺，如今已经基本戒掉。爬个楼梯都会喘气，晚上睡觉不断咳嗽。半月前曾因为急性支气管炎，在医院挂水多天，深知那种三更盼着等天明的夜，是多么的难熬。

怎么样（what），为什么（why），怎么办（how）？在几日的采访过程中,调查了解的全部几乎可以用这么三个词概括。从职业病防治院,到卫生部门,再到劳动部门,诚然各自都有难处和苦衷,但却不约而同地得出一个公认的回答:"这是历史遗留问题。"这句不可能被否认的废话,就像"这都是制度问题,我们无能为力"一样,正在成为一个解释原因的理由,一个推卸责任的借口。

难,都难。《职业病防治法》白纸黑字,职业病防治院不可能冒着违法违规的风险擅自检查。深圳建筑工地多如牛毛,卫生监督所就算24小时轮轴转也查不过来。建筑农民工签合同率极低已经是不争的事实,劳动监察要查得滴水不漏,无异于以一己之力对抗数十年的"潜规则"。更难的,自然是这些疲于奔命的农民工,为这座城市的建设卖命十余年,却得如今下场。在采访车上,钟家泉一路上指着窗外大大小小的楼盘说,这是我盖的,那是我盖的。但现实却是,没有一家工地愿为他证明工作关系。就像《集结号》里的谷子地怒吼着"我为他们证明"一样,让人分外觉得世情冷暖,世态炎凉。

耒阳的走了,张家界的又来了。当时历史背景和法制环境积累的弊病,在今天得以凸显,城市发展的代价竟需要他们个人来承担。集体要求做矽肺职业病鉴定并索赔的这批

149名农民工,结果尚不得而知。但可以肯定的是,当中肯定会有一部分得不到他们想要的结果,悄然回家。历史遗留问题总要解决,因为今天就是明天的历史。采访中,一名同行问我如何看待问题产生的原因。我竟然也叹了口气,不禁说了句:"这是历史遗留问题。"

郭启明

第四章　　江湖在哪里

每个人心中的洪水猛兽

　　跳窗，潜行，推门，拔刀，猛刺，逃跑，跳楼。2009年5月8日傍晚，内衣厂员工邵俊瑞，用不到10分钟的时间，结束了上司和自己的生命。爱恨情仇，在刹那间灰飞烟灭。邵俊瑞用那把早就准备好的水果刀，斩断了他和这个世界的羁绊纷扰。留下的，只有两具冰冷的尸体，还有两个破碎的家庭。死者已矣，生者永伤。

　　那个平时性情温和如天使般的弟弟，为何在刹那间成了杀人恶魔，作为邵俊瑞的亲生哥哥也无法解答。倒是与邵俊瑞关系密切的同事感慨说，接连打击下，拔刀相向是必然之举。想回家看望在家分娩的妻子被拒，结果刚出生的儿子被发现发育不正常，邵俊瑞眼睁睁地看着还未满月的孩子送给别人抚养。一得一失，31岁的他无法面对残酷的现实。工作中接连被主管批评，最后接到一纸解聘书，曾经月薪过三千的他怒火中烧，潜藏在心中的恶之花渐渐绽放，"我要杀人"也从言语变成现实。

　　历史总有惊人的相似，悲剧也总是循环往复上演。奔波于深圳街头小巷已有时日，这样的故事，我已经不是初次耳闻眼见。冲动，不理智，总成为矛盾爆发的导火索，在暴怒的巨大能量面前，一切说教似乎变得苍白。在那个时刻，人成为潜意识的执行者，有人称其丧失理智，有人叫做人性本恶。

　　看似正常运转的社会机制中，总存在着不稳定因素，就像貌似平静的海面下，掩藏着随时能席卷巨轮的暗涌。龙应台曾说"中国人为什么不生气"，而现实是，我们很容易"不高兴"，"别理我，我烦着呢"。

　　"冲动是魔鬼"，还记得这句春晚小品台词么？再见到被冲动裹挟而成的魔鬼，试图感慨"三思后行"时，扪心自问，面对现实的无奈，是否曾笑对？面对心中的洪水猛兽，又能否驾驭？

郭启明

第四章　　江湖在哪里

巨奖骗局，不能说的秘密？

　　3305万的巨奖竟是"黑客"一手炮制！2009年6月9日，双色球2009066期的中奖结果让人大跌眼镜，面对公众与媒体的质疑，有关方面的遮遮掩掩、欲盖弥彰，最终让质疑的声音一浪高过一浪。在福彩遭遇的信任危机背后，究竟谁是始作俑者？是媒体，是公众，还是福彩制度？

　　"三鹿"事件对中国的乳制品行业是一次沉重的打击，这其中最沉痛的教训除了三聚氰胺对人们身体造成的创伤外，也让人们对企业、政府如何应对危机产生了思考。在部分人"捂住不说"的惯性思维下，"三鹿"最终葬送了自己，一个多年打造的民族品牌就这样销声匿迹。曾有专家作出假设，假设三鹿能在第一时间公开信息，澄清事实，第一时间收回问题奶粉，也许就不会出现这样一个没有赢家的结局。

美国公共关系学专家卡特利普在谈到"危机传播中面对媒体切忌"中谈到,不要缩小问题或者企图淡化某一严重问题,因为新闻界很快就会查清真相。

回头来看3305万巨奖骗局事件,这起事件的结局绝对不会因抓获了一个梦想发财的电脑工程师而收尾。诸多的疑问仍然等待解答。尤其是犯罪嫌疑人程某篡改的究竟是摇奖的号码结果,还是中奖的注数,成为最大的疑问。而这样一个问题,也将可能是事件背后信任危机的一个杀手锏。但是,这一最重要的问题在首日的新闻披露中并未被提及。随之,一系列的疑问接踵而至。程某有没有造出彩票?他怎么兑奖?如果不能兑奖,他为什么这么做?这是否意味着福彩的网络存在漏洞?彩民的权益谁来保障?

在追问中,问题被逐渐放大。直到本周四(7月9日),深圳市福彩中心被动地向媒体透露了他们发现问题的过程,并承认监督不力。然而,这种挤牙膏似的做法,又犯了危机传播中的另一大禁忌,也印证了卡特利普的另一句话:"不要让故事挤牙膏似地挤出来。因为每次新的披露都会成为一个潜在的大字标题或头条新闻。"

在如今资讯发达的时代,公共关系已经成为一门必修课。政府在处理许多突发事件中的信息透明也印证了这种做法的成效。俗语说"流言止于智者",而在当下,要想让公众都变成智者,需要的是公开与透明。

刘春林

搜狐、迅雷掐架，IT精英们导演的一出闹剧

2009年10月底最好玩的事，大概非搜狐与迅雷在深圳"掐架"莫属。我近距离观赏到了一场比娱乐新闻更搞笑的闹剧，不得不让人感叹：如今的IT界，越来越像娱乐圈了。

如果说这是一部喜剧电影，导演就是张朝阳和他背后的其他人等，主角当然是搜狐，其他的什么优朋普乐、激动网统统是配角，在旁边摇旗呐喊，优酷、迅雷等被拉进来的配角，用流行的话说，属于"被炒作"。

张朝阳的目的，司马昭之心，路人皆知——搜狐准备在视频行业分得一杯羹，无奈先行者优酷、土豆、酷6、迅雷已经坐了头几把交椅，想要迅速上位，他自然会玩玩自己的拿手好戏——炒作。

人家优酷根本懒得理他，迅雷却按捺不住了，不知是觉得这是一种双赢，还是确实觉得这是奇耻大辱，必须要雪一下。总之，搜狐采取了不要face的手段，迅雷也是苍蝇不叮无缝的蛋，谁也别说谁。搜狐为首的中国网络视频反盗版联盟来深圳"围剿"迅雷，用深圳互联网资深人士徽剑的难听话说，就是：妓女带头来扫黄。

实际上，国内互联网的闹剧已经不是一出两出了，从开心诉千橡到凡客购买PPG的关键词等一系列事件中，都可以嗅到隐隐的腐臭味——国内这些IT精英们、这些见过大世面的高学历海归们，都在干些什么下三烂的事儿哟，IT精英的神秘光环正在褪色，甚至在走向腐烂。

话说回来，咱国内的IT精英们本质并非流氓，做出流氓的事，那也是在顺应情态，中国人喜欢免费上网，谁收钱谁先死，精英们想要赚钱，就必须吸引网民的眼球，就必须炒作、必须有绯闻，有了流量才能得到广告商的青睐。这就是商业模式导致的注意力经济。

没有人上的网站不是好网站，咱这些出来打酱油的围观群众非常理解，甚至有些同情这些IT精英们了，你说好端端一精英，非要把自己整成流氓样被人骂，容易吗！只是，大佬们、海归们，好歹也应该多少树立些好榜样，不要总是搞得像小孩吵架一样，这样会带坏小朋友的。好歹，张朝阳您可是读了克里希那穆提，已经超脱了的人了！

刘晓燕

第四章　江湖在哪里

我能想到的最浪漫的事……

"我能想到的最浪漫的事,就是和你一起慢慢变老……"敲完最后一个字,推开键盘,思绪还在梅林关外惠鑫公寓那间40余平方米的房间里回旋,旁边一位同事的手机铃声响起这首《最浪漫的事》。

我突然想,人生最浪漫的事究竟是什么?

68岁的杨翠华和73岁的张儒友相识于江苏南京农村老家,可以说是青梅竹马。1960年3月,老兵张儒友退伍回家跟杨翠华结婚,而后他们携手到了海南农垦白沙农场,而后生儿育女,携手度过了近50年,一直平平安安。

直到4年前的2005年,在与别人的一次争执中,张儒友突发脑溢血,从此卧床不起,进入植物人状态,然而杨翠华一直不离不弃,细心照顾。

或许，每个人有每个人的选择。如果你还是个孩童，可能最浪漫的事就是随意的无拘无束的玩耍；如果你是一个青年，最浪漫的事可能是与爱人花前月下，卿卿我我；如果你已经人到中年，最浪漫的事可能是享受事业，拥抱家庭。那么，当你头发花白，最浪漫的事又是什么呢？

杨翠华有自己的选择，尽管年近80岁的老伴张儒友昏迷不醒，无法交流，但她不离不弃，宁愿守着一个身体，整天自言自语。

相识近70年，结婚近50年，牵手一辈子，这是不是杨翠华老人最浪漫的事呢？

采访中，老人并不善言谈，几次起身去查看床上的老伴。她没有说一个"爱"字，然而一举一动却体现着细心。她只是说会一直守着老伴，只要自己还活着。

就像歌里唱的那样，"一路上收藏点点滴滴的欢笑，留到以后，坐着摇椅慢慢聊……"如今，张儒友卧床不起无法言语，促膝聊天成了奢望。

为什么老人还是这样的坚持？

或许，杨翠华老人所坚持的，正是她所认为的最浪漫的事。

王成波

他们为何说起性话题来不脸红

2009年7月,采写《深圳90后的性与暴力》时,我遇到了一群深圳90后。初时,他们安静地坐在酒吧里,只喝饮料,寡言少语,与酒吧的氛围格格不入,都是乖乖牌,但当我把"性与暴力"这个问题抛出去以后,所获回应之热烈远远超乎想象。

这是一群单纯的孩子,陌生人只要表露出足够的诚恳就能获得他们同样坦率的回应;这也是一群对性的认知度远远超出家长想象的孩子,家长们羞于启齿的生理信息早被孩子们多年前经由网络、小说等各种渠道一一攻克。对于性话题,他们心照不宣,在家长面前避而不谈。

不谈是因为常常不被理解,因为家长刻意将性标注成带电的樊篱、禁忌的话题,一触碰必有强烈反弹。受访一学生称因看A片被家长狂抽80多个耳光,现在终于遇到可以交谈的成人(记者),发现同龄人外还有一个成人群体愿意与之交流时,孩子们敞开心扉掏心掏肺也就可以理解了。采访结束后,孩子们对这场交流的评价是,"有趣!从来没有大人会跟我们谈性方面的话题"。对此,我们是不是该反省一下?孩子与我们平等交流的机会,是不是太少了?

而戏剧性的后续是,受访学生子路的妈妈致电记者,见报当天,她的手机都被打爆了。亲朋好友都问:你家子路怎么会出现在这个专题上?子路一向乖巧优秀啊!子路妈妈也颇焦虑,认为将女儿的图片放得太大太清晰,今后就业,用人单位发现子路的照片与"深圳90后的性与暴力"这一标题存在关联,会造成不良影响。

谈论性、暴力话题的孩子就不是好孩子吗?事实上,所有接受我们访谈的90后,全都品学兼优、多才多艺,其中不乏中考成绩698分的尖子生,还有留学海外的模范生。为什么不少60后、70后保守派会将性话题与坏孩子画等号?性是健康自然的事,因为我们先入为主地妖魔化了它,才使得它有了太多负面色彩。家长认为对孩子不谈性是一种保护,其实在信息爆炸的当下,坦然地谈论、尊重孩子的观点、与他们平等交流才是更与时俱进的保护手段。所以,对待90

后，我们也需要一次认知和判断上的刷新。

但很多成人要说，明明才十几岁的孩子，怎么说起性话题来不脸红？我们当年递个小纸条都有犯罪感。但是，成人有没有按照20年前的生活方式要求自己？如果是，那大家应该砸掉电脑、关掉手机、扔掉汽车，再来要求现在的90后谈性色变，好吗？要知道，在当下的环境下，好孩子不是对性充满无知，而是能够健康阳光地看待性问题。

不过，要改变保守人士的观点确实是个浩瀚工程，充满了明知不可为而为之的悲壮，所以，我们对于子路妈妈的担忧，表示充分的理解。在此必须为这位忧虑的妈妈做个澄清：子路所讲述的均是自己对性的认知和听说的案例，绝非案例中的主人公。事实上，这个落落大方的小姑娘在访谈中旗帜鲜明地表达了"拒绝婚前性行为"的观点，成为家长引导匮乏下形成正确性意识观的特例。

王相明

群体标签不应成为个体悲剧

吃饭的时候，和几个朋友聊起了城管协管员位发兴2009年4月8日被执法对象捅死的悲剧，仅仅21岁的年轻生命，还没有来得及绽放，就这样在刀锋下凋谢了，让人心中顿感戚戚焉。

不过，如同事情发生后网络上壁垒鲜明的阵营对立，友人的观点也截然相反，一种观点认为，杀人者行为恶劣，不值得任何同情，一定要严惩。反对者则认为，事件中必然存在着城管执法人员首先暴力执法，才遭到了暴力抗法。但无论是哪种观点，有一个结论是一致的，"城管"这个群体，已经等同于暴力执法者，一些群体中成员的执法形象，已经越来越多地固化为社会对这个职业从业者的"群像"，以至于在生命面前，也难以对强势群体的城管分子抱有同情，而是更多会想到有果就必然会有因。

我愿意相信，淡定平和从容的生活下，任何人的心都不会是恶的，无论是作为执法者的城管，还是作为被执法者的城市草根们。一种群体形象的塑造，往往来自对其中部分成员行为观察所得出的结论，从个体到整体，是一种归纳法的推理方式。在社会学中，社会是由一个个的组织而构成的，而具有某些相同特质的人群，往往会被作为一个群体来看待，并且在现代社会的舆论传播中，经过立体化的大众传播，被标签化，并且逐渐形成标签的固化，成为越来越被广泛接受的"准真理"。就比如70年代的人谈起80后，往往是摇头哀叹，说80后没有集体意识、自私开放；讲到娱乐圈，就免不了绯闻八卦、三角恋、豪门婚变等等，一个字，乱。

而在现实中，这种被固化了的群体标签，往往是负面的，反过来，又会演绎为对这个群体之中个体的判断。我并不认可这种将演绎法用于群体标签的个体化的方式，任何一种群体的标签，都是片面化的，但这确确实实是存在的，我们无力去拒绝群体标签，但这种群体标签，绝对不应该演化成个体身上的悲剧。就好比位发兴，如果他不是协管员，如果他没有参与城管执法……

我们几乎都是某个群体的一分子，我们的行为、价值观，同样也是这种群体标签构成的一部分。如果城管执法人员在执法时，能够想一想自己的同伴遭遇的这种不幸和悲剧，也许我们会换一种方式和态度；如果我们从尊重自己和他人的角度出发，去维护一个健康的群体标签，那么带给其中每一分子的，同样将是健康。

其实我们并无资格轻易地给某些人贴上某种标签，尤其是当我们将这种标签加诸个体之上时，更应该慎重考虑。因为我始终认为，无论怎样，生命至高无上。

王 莹

江湖在哪里

香港的黑社会题材的电影看过不少,然而经常在香港行走的我,对黑社会人物口中经常说的江湖,一直只有抽象的印象。

2008年,在土瓜湾的茶餐厅,找当地掌故先生喝茶。说起江湖事,"黑社会今非昔比,现在帮会选个话事人都很难,局外人很难理解。"掌故先生说,电影里的成百上千人晒马械斗,现实生活中已经难以存在,帮会兄弟处处有开销,利益来源逐渐减少,争夺地盘伤人还要出医疗费、安家费,现在黑社会就是玩钱。而黑帮的头目往往又上了警方的在册名单,有点事情就请去喝茶,话事人几乎就成了"麻烦人"。

"电影《黑社会以和为贵》中,选话事人的场景,那只是电影。"掌故先生说,有的帮会是家族制,有的则是三年一届选话事人,往往O记(三合会及有组织犯罪调查科)已经知道选举的地点,派警察摄影队前来会所录影,甚至还有做黑帮新闻的记者也来凑热闹。帮会里被推荐的话事人,有的还通过电话告饶:"不要选我啊,大佬。"而选举的时候,每个堂口负责人坐在台下沉默不言,用眼神交流,左瞄右瞄,基本有定项后,各自离开,再用短信发送简单的"A、B、C"投票,确定了话事人,让O记人员都惊叹"现在都电子投票了"。而被选中的人,接到短信才知道自己成了话事人,日后涉及帮会的新闻被记者打探,帮会的人员出了事,则被O记请去问话。

如此说来,帮会在香港不再神秘了?掌故先生也有话说,"现实的香港社会就是如此,传统的帮会活动方式已经没有生存空间,有时候帮会人物还需要警察保护,发达的新闻传媒总是能让黑帮事件暴露于公众。"香港警察的权力很大,对于选举聚会都有基于保安理由入场,而传媒的狗仔队更是无孔不入,一个新闻放料的社会,对于黑白两道的事情,记者往往知道得更多。

掌故先生还有话说,"江湖在哪里,千百个人或许有千百样说法,啸聚山林的好汉已经不存在,取而代之的是偶尔一两个蛇匪藏匿郊野做山贼。扯起大旗搞帮会已不可能,办公司、搞社团已经成为帮会的转型之路。"

难道江湖已经消失？不，江湖在警察的花名册里，在记者的笔下，在街头壮汉"左青龙、右白虎"的肩膀上，在群起打架斗殴者的嘴里。甚至于各种的行业、社会群落，都是江湖。

徐　超

红裤子出身的自豪

在内地读书时,逢要填写家庭情况调查表,都有一项"出身情况",往往自己只是一个学生,却要根据父母的出身来填写"农民"、"工人"、"群众"、"干部"的选项。更有甚者,小学那阵子父母填出身则要根据爷爷奶奶的出身,来选择填写"贫农、中农、富农"等选项。

在香港无需填自己的家庭出身,最多是在择校登记时要填写父母的职业和职务。而在民间,无论何种行业和工种,却常常论出身"红裤子"还是"非红裤子",这一说法更频繁出现在报纸新闻中。

一则新闻中这样写道,"红裤子出身的李伟强,生于1959年,1979年成为公务员,1981年正式加入海关,由低层做起，因工作认真尽责表现亦佳，1995年擢升为高级督察……"为何用"红裤子"来概括出身？据说，香港动作电影中，那些经常被人打来打去、丢进水中、高空坠下、飞车闯火海等镜头大部分由替身完成。最初的"红裤子"就是指影片中代替演员以防受伤的角色。早期的"红裤子"很多是龙虎武师，在香港电影界备受尊崇。成龙、洪金宝、董伟及徐宝华都是出名的"红裤子"，成龙的"红裤子"出身，让他后来在拍摄电影时根本不用替身。

香港电影影响着市民的生活，"红裤子"也逐渐成为香港人论出身的词语。在各行各业论出身，"红裤子"却不是可以套用的。香港警察招募人员，一个大学毕业的和一个中五毕业的学生，同样在警察学院学习，结业后一起做警察。然而，中五毕业的警校出来做警员，而优秀的大学毕业生出来就可能做沙展（警长）了。进入警察部门工作，不是由底层做起，就难被人称为"红裤子出身"了。在新闻界，一个从实习记者做到高级记者，最后做到主编的也能被称为"红裤子出身"，若做出名声，转行到金融界，不是由银行一线柜员做起，而是直接进了办公室，也难被称为"红裤子出身"。由此看来，"红裤子"可以理解成是在一行业由基层做起的意思。现在在内地已经淡化"家庭出身",而香港的"红裤子"却是反映一种资历,成为一种荣耀。

徐　超

第四章　　江湖在哪里

保密

　　我也差一点成为"泄密者"。当然不光我一个人,还有相当一大批的深圳市民都要"共襄此举"。让我事后诸葛亮的是前两天国家统计局召开新闻发布会介绍中国2009年上半年经济增长情况的事情,本来对于普通老百姓,公布的那些数字像是非洲人的面孔一样让人往往弄不清哪个是哪个,反倒是一条花絮抢占了不少眼球。当天路透记者质疑,发布会当天北京的一家报纸上已经把要公布的GDP等各项数据全都提前透露,对此国家统计局负责人也是一脸严肃,称对此次泄密将进行严肃查处。

　　看到这几个数字觉得眼熟,回来一翻资料发现里面有点门道。前段时间深圳举办了一场见怪不怪的论坛,本来无啥新意,但在分析目前经济是否回暖的形势时,这位北京来的专家一张嘴接连报出几个数字,包括二季度GDP增长率、上半年GDP等。两相对照发现,实际上这个"秘密",早就提前了半个周就露底了。不过庆幸的是,本来可以成为全国首个"泄密"来源的媒体,却由于当天版面紧张,这部分的数据恰巧被编辑一锅端给删掉了,也少了事后的诸多麻烦。

"泄密",这个多少带有几分神秘色彩的词语,在近段时间却成了热门。央视主持人方静,卷入的正是"泄密门";引起中澳两国高度关注的铁矿石谈判,澳方员工被以"泄密"为由带走调查。当然,对于损害国家利益、违反法律规定的泄密行为,自然应该交由司法部门进行调查处理;但如果以GDP数据提前半天时间让老百姓知道,相信绝大多数人都无法理解为什么这也算是泄密,当然,这会严重拉下当天发布会的收视率,从某些部门来看自然"着实可恨"。

经济学家不可能、也没有本事是一个预言家,否则1929年大萧条、石油危机、次贷危机等统统不该发生。但这些在周末忙着四处走穴演讲的经济学家,居然能让自己讲稿中出现的数据与统计局后来公布的数据一模一样。在对统计局领导声称要严查充满关注和期待的同时,也难免让人私下揣测会不会又是不了了之。毕竟能够提早拿到这些数据的人,绝对不会是你我这样的平头百姓,何况咱们拿到也没什么意义。再者，统计数据屡屡提前出现在媒体上已经不是新鲜事，只不过之前国内媒体往往是搭台唱戏，现在来了个国外记者以子之矛攻子之盾，对于这些"国外媒体"我们当然要义正词严。

记得小学的时候写暑假公约、寒假公约之类的，老师往往让大家抄写"保守国家机密"，虽然到现在为止，我都不知道究竟有哪些国家机密居然连我都知道。从没有不透风的墙的角度来分析，保密义务不应该贯彻到以家长里短为乐的市井阶层。否则的话，难免有一天会出现这样的情况，你张口骂领导是傻瓜，被单位开除，而理由就是"泄露公司机密"。

徐维强

通货膨胀很凉，资产却很热

"通货膨胀很凉，资产却很热。"对专业的财经记者来说，这也许不是新概念，而对非专业财经记者而言，2009年10月31日，第一次听到某基金公司首席分析师用这句话做总结时，顿感眼前一亮，一堂普及宏观经济知识的讲座终于切中时下经济要点。

后来，我上网搜索，发现类似的表述不算太多，经济学家成思危今年9月初在公开场合发表过类似观点。成思危认为，通胀预期已形成，要警惕资产泡沫破灭。说白了就是，现在股市和房市都很热，但通货膨胀好像没有来。如进一步阐述，则是银行放贷的钱太快，放贷的钱一部分没有流入实体经济，而是流入到股市和房市，导致资产过热。负面影响是，接下来通货膨胀，使百姓的现金贬值，实体企业家辛苦一年，赚了10%的利润，算上通货膨胀因素，等于没赚，还是直接投房市和股市来钱更快、更轻松，又导致资产过热。

可通货膨胀到底会不会来？没有一个经济学家给一个肯定答复，政府也没站出来给百姓吃定心丸，这直接影响着百姓的心理、生活和理财行为，他们内心深处对这种不确定性都有隐隐的忧虑和不安。

上周日，朋友A给我打电话，在电话里很惊讶地说，你知道梅林关口一楼盘二期开盘多少钱吗？"多少？"我问。"一期是一万一二，现在均价二万元了。"看了一年房的朋友显得有点焦急，想出手现在买房。由于朋友只有一套住房，手里有点钱的他总担心存款贬值。其实，从房价角度来说，这一年，他的存款至少缩水了50%，也难怪他焦急。

还有一位朋友参加工作没几年，手里只有五六万元存款，也很焦虑。"房子买不起，炒股也不会，怎么办？"对这位朋友，我则建议她拿一两万元去学炒股、学理财。这样既不会因为不懂而大亏，但又参与了经济最热门的品种。只有参与了，你才有兴趣去学习、了解，也许你不一定能因此赚大钱、发大财，但也许会通过这个去关心、了解，知道中国的经济是怎么回事。我很认同一句话：知识就是力量，知识就是财富，对于那些个在股市和房市赚得盆满钵满的大小富翁来说,除去内部消息等不当途径外,都是靠自己的能力与知识去改变了命运,风光无限的背后必定是无限的努力和学习。

而对于朋友A,我个人观点是不主张追高买房,房子和黄金不是非买不可,涨上天,你不买,别人就赚不到你的钱。对于通货膨胀,我们要相信,中央政府是负责任的政府,不会通过物价飞涨、纸币贬值等方式来掠夺百姓财富。

张小玲

第五章 欲望都市

男欢女爱，干柴烈火；狗血凄厉，温婉动人；上演了一遍遍的戏码，不过如此，霓虹灯下，我们仍热衷将旧戏重温。

谈谈性，说说爱

虽然一直是电话联系，但通过声音，还是能感受到那位父亲的无奈和忧愁。俗话说"家丑不可外扬"，自从16岁儿子染性病，对于这位家长来说，不知道需要多大的勇气。

电视上还在讨论16岁少年发病写女染性病的成年人。如下前段时间轰动一时的"艳照门"到"脱裤门"，更有80后到90后比上了显性和无知的帽子。不知道他们能否想起自己潜滋暗流的那段岁月。或者说是"多年媳妇熬成婆"。

记忆中基本上从未有过有人告儿八经地教育过我们，现在如今去认识和解决自己的生理问题。初中的生理课上，一教室的少男少女，面对着老师大眼瞪小眼，男生一脸坏笑地聪着课本上朴素的解剖图。女生则羞涩得颊发烫，好像厅里掀满了小脑袋。青春少年获取性知识就这么难，不知道是老师的尴尬还是教育的悲哀。

传不传总是被同题，关键是怎样教孩子去正确认识扣了解。印尼娇深的是，台湾著名作家刘墉面对儿子的青春期问题，血脉贼下亲手手把手教他如何保护隐私部位，估计到了大陆，少不了一顿臭骂：不好好学习，脑子里尽是这些。

面对故事的开头，2009年7月，那位父亲说，这个城市去给儿子治病，迎面而来的漫长人生，10年后他为人父，会不会也坦然地和自己的儿子，谈谈性，说说爱。

他只是爱好不同

2008年4月的一个下午，当我在东门找到园林（化名）时，他的脚搭在柱子边，悠然地喝水相别，

谈谈性，说说爱

虽然一直是电话联系，但通过声音，还是能感受到那位父亲的无奈和愤怒。俗话说"家丑不可外扬"，自爆16岁儿子染性病，对于这位家长来说，不知道需要多大的勇气。

电视上还在讨论16岁少年发廊寻欢染性病的责任问题，有人将矛头指向管理部门，有人则指责家长教育不到位，评头论足的大多都是"见多识广"的成年人。加上前段时间轰动一时的"摸奶门"和"脱裤门"，更有80后给90后扣上了滥性和无知的帽子，不知道他们能否想起自己春潮涌动的那段经历，或者说是"多年媳妇熬成婆"，摆脱了被人说成是"堕落一代"的历史后，开始对下一代人指指点点。

记忆中基本上从来没有人正儿八经地教育过我们，应该如何去认识和解决自己的生理问题。初中的生物课上，一教室的少男少女，面对着老师大眼瞪小眼，男生一脸坏笑地望着课本上朴素的解剖图，女生两腮潮红，低头不语，结果生物老师颇为老练地来了一句，"这些内容你们自己看吧，我们来讲下一课。"讲的大家都知道，想知道的又不讲，正规的渠道没办法了解，只能通过其他渠道了解。于是，医疗卫生的书籍被翻得发黄，录像厅里挤满了小脑袋。青少年获取性知识就这么难，不知道是家长的尴尬还是教育的悲哀。

性不能总是被回避，关键是怎样教孩子去正确认识和了解。印象颇深的是，台湾著名作家刘墉面对儿子的青春期问题，直接脱下裤子手把手教他如何保护隐私部位。估计到了大陆，少不了一顿臭骂：不好好学习，脑子里尽想这些。问自己是从哪里来的，得到的却是从垃圾堆里捡来的荒唐答案。

回到故事的开头。2009年7月，那位父亲说，换个城市去给儿子治病，再亡羊补牢沟通那些曾经难以启齿的话题。身体上的病好治，但心病难医，不知道那少年会怎样面对接下来的漫长人生。10年后他为人父了，会不会坦然地和自己的儿子，谈谈性，说说爱。

郭启明

他只是爱好不同

2008年4月的一个下午,当我在东门找到阿林(化名)时,他倚靠在柱子边,悠然地喝水抽烟,不管别人异样的眼光,甚至有人骂他变态,他也装做听不见,在外人看来,他是个很奇怪的"聋哑人",是个喜欢穿超短裙的异样男人。采访他时,他打手势暗示"听不见",既不接受采访,也始终没有摘下墨镜。

如果不是他主动打电话,我想我会把他迅速遗忘,就像每天擦肩而过的人群一样。原以为,作为一名异装癖者,很难说出自己的故事,他打电话的目的也不是来讲故事的,阿林会是个很难搞定的采访对象。但没想到,他出乎意料地健谈。从五六岁讲到了30岁,聊了四五天,共6个多小时,每次都差不多是因为手机没电才终止。他从来没跟外人谈自己是异装癖，我成了他很好的听众。

　　2000年7月29日，阿林说他一辈子也不会忘记这个日子，他只身南下上海。如果不是去大都市，如果不是遇到不一样的人，这个来自东北农村的小伙子又怎么会知道什么叫异装癖。当这个在别人看来异样的行为发生在自己身上时，无论是谁都会承受巨大的心理压力。当阿林说，他第一次逛商场买女装时的忐忑不安，回家偷偷穿上，极度兴奋后又迅速极度沮丧，他怀疑自己病了；当他说，把所有的女装扔进了黄浦江，决定痛改前非；当他说，现在可以坦然地穿着裙子去买喜欢的裙子……这也许就是一种人性的突破，现在的人都太会伪装了，不是吗？！

　　但因为异装癖不为大家所知，他的坦然成了别人的笑柄。"聋哑人"和墨镜成了他的面具。走在大街上，戴上墨镜，他无视别人的笑声和诧异的眼神。阿林说，他已不在乎别人怎么看，仅仅在乎的只是担心影响到家人和朋友。当我认为我们交流得不错时，阿林还是不愿告诉我他的具体住址和工作单位，因为对于家人和朋友，这依然是个"秘密"。

　　深圳市康宁医院心理咨询门诊余常红主任说得对，穿什么都是个人自由，只要当其是"奇装异服"者就可。这是局外人应该抱有的态度。如果有一天，女装男穿像男装女穿一样被称为别具一格的穿衣风格，大概阿林会摘下墨镜，可以轻松地向家人展示他从商场淘来的时尚短裙。

米 燕

第五章　欲望都市

恐怖的甜蜜

2008年11月,来自法庭最为悲凉的读本,莫过于高州姑娘小丽的情事。原本婚期将近,不想痴缠的前男友服下逾百颗安眠药,生猛的现男友凌空一脚踢出人命。三天之间,两个在她生命里划出痕迹的男人,一死一囚。

在认得生猛的现男友张之前,小丽与不懂放手的唐曾经有过情缘。只是不到两个小时的庭审,来不及翻开小丽生活的全部画卷。20岁时的恋情无疑是青涩的,小丽与唐的情感为何而终已无从考究,只知小丽与张的恋情展开两年多后,唐仍在痴缠。如果没有3月29日下午的那个变故,再过两个月,小丽将成为张的新娘。但那个明晃晃的下午,埋葬了小丽的婚纱梦。

唐吞下百片安眠药后,找到小丽,并逼她同食安眠药。

小丽将神志不清的唐送至医院途中，电话知会唐的朋友。而这一切的辗转让在外的张得知后，张抽身跑到医院。远远望见坐在院门外面色苍白的唐，和立于一边的小丽，气极难平的张自台阶上飞身而起，凌空一脚将唐踢倒。两天后，唐因重伤致死。张羁押将囚。小丽现不知栖身何处，估计早已离开这个悲情之地。

恐怕唐在服下安眠药的那刻，还存有对生的眷恋。不然，他不会拼死找到小丽后，再吞下几颗。在那一眷念间，他想逼小丽服药一同上路。心理学家说，"受害者的最大的伤口不是被伤害，而是不肯放下受害者的角色"。唐走出小丽的情感视野至少两年，但唐还留在原地，心里总抱有希望，不知是出于惯性，还是源于逃避。但他不知，对于感情已逝的情人而言，温柔也是一种暴力，会让人承载不起。那固执的痴守，虽有甜蜜，总带几分恐怖。

生猛的张在庭上坦言飞腿伤唐，但并不想致唐于死地。然而那一时冲动铸成永恒的悲剧。叹只叹"有情皆孽，无人不冤"。而小丽，一个年方二十的女子，两朵本该绽放美好的玫瑰，自此一朵带血，一朵凝伤。

秦鸿雁

现实中没有童话

美国大片《风月俏佳人》给烟花女子续写了"王子和灰姑娘"的爱情神话，前天在深圳受审的陕西矿工淡某俨然为我们揭开深圳版风月俏佳人的故事，不过结局完全不同，没有灰姑娘，只有鲜血和铁窗。

淡某掐死的女孩网名叫"雅洁"，2008年6月7日，她窒息身亡在宾馆床上。三个月前她在网上邂逅了淡某。案发一周前，他们在宾馆里缠绵了一周。当淡某知悉枕边人乃一烟花女子时，骂过之后双手掐住她的脖子。

雅洁之死，只是无数件故意杀人案之一。像雅洁一样被人夺走生命的烟花女子，在深圳故意杀人案中所占的比重超过三分之一。只不过不是每个夺走烟花女子性命者，都跟她们有心灵联系。

我猜雅洁也不喜欢自己的身份，不然这个姓周的姑娘不会取这样一个美好的网名，也不会在网上邂逅夺了她性命的淡某。数月后，她仍不肯告诉他自己的身份，抑或她明知现实中容不下她的梦想。如果仅让自己没有出口的情感交付在虚拟的网络也就罢了，偏偏雅洁还想窥探一下生活中到底有没有美国版《风月俏佳人》的传奇。在三个月的网上交流并情愫相生之后，她约了那个远在陕西的淡某前来相见。

一样有交不起房租的困窘，只是雅洁不及美国版的风月俏佳人薇薇安动人，而她恋上的男子亦不如钻石王老五爱德华多金。爱德华是企业巨头，而淡卫兵只是一名年青矿工。缠绵之后，美国版的《风月俏佳人》是以开着莲花跑车的爱德华，手捧鲜花，来到风尘女子的小阁楼下，替薇薇安也替银幕前的所有姑娘们完成了"骑士救公主"的童话。而现实版的深圳"风月俏佳人"到底没有这样的传奇。淡某在得知雅洁"坐台为生"的身份后，"一下都懵了，没法接受"，欲抽身而退。尽管雅洁垂泪相求，但淡某对雅洁身份的歧视，让他眼中充满厌恶，心中暴戾丛生。掐了雅洁之后，他还拿走了她的手机和仅有的20元钱。

同样的烟花女子，同样的浪漫邂逅，同样的一周缠绵，只是银幕上的结局总是用来慰藉生活中稀缺的信仰，而

第五章　欲望都市

现实版的惨烈却在羞辱人们残存的童话余梦。或者现实的狼藉总让我们惯性地抱怨生活中没有童话，只是我们往往忘了去反省自身又有多少缔造童话的勇气。

秦鸿雁

儿时思尽六朝春

当你有一天发现,自己上初中的女儿忽然开始喜欢在日记本上勾勾画画,开始不停发呆,开始打扮自己的时候,你千万不要以为她开始热爱文学,或者想当诗人了。

现在说一女的是诗人,与当年说你是流氓一个意思。而且,一个少女,尤其是一个纯情少女,无论当诗人还是当流氓都不合适。听到这样的论调,你千万不要觉得五雷轰顶。是的,确确实实是,你的女儿开始思春了。

不过,面对过早思春的少女,其实还是有药可救的。比如,你可以把他们可能发展出来的爱情说得很艰难,思春的少女必然会看爱情小说,而一部爱情小说如果动人的话,必然是个悲剧。切记,不要把她的爱慕对象说得很恐怖,而是初恋本身很艰难。

因为,第一次思春的少女都是很脆弱的。当她们接受初恋和结合完全不是一个概念的时候,也就接受了初恋是场悲剧的观点。这个时候留意她们喜欢什么样的电影和音乐,尽量找忧郁悲情的来给她欣赏。她们这个年龄最喜欢流连在情绪里,因此心理防线最好击破,只需要注意语言和口气即可。

但如果,提前思春的是个5岁男童,你该如何是好?

我一个朋友的同事,最近就遇到这样棘手的问题。她儿子今年5岁,就懂得男欢女爱的事情。有一次和父母去逛街,那5岁小屁孩看到酒店门口的一场婚礼,就跑去质问新郎:"叔叔,我还没找到老婆呢,你怎么就找到了呢?"回去之后,小屁孩又缠他爸爸要钱,说去拍婚纱照。

这倒还不恐怖,恐怖的是,这小屁孩看到电视里的接吻镜头,小鸡鸡居然有反应呢。他妈妈始终不能理解的是,这么小的孩子,就有雄性激素吗?而且,他妈妈开始留意儿子小鸡鸡的状况。比如,早上起床的时候,就会去摸摸儿子,经常发现儿子的鸡鸡硬邦邦的。

我朋友的同事为此很困惑,求教她身边的朋友和同事,如何疏导儿子提前思春的心理。但问题是,总不能面对5岁的孩子,去跟他谈如何树立正确的性意识吧?更何况,即使谈了,5岁的小屁孩能听懂吗?

　　这让我想起朱元璋写的一个对子:"世事如棋,一着争来千古业;柔情似水,几时流尽六朝春"。——以我的解释来看,前半句说的是"好好学习,有天从政了就发达了"。后半句说的是"在年轻时千万别思春,不仅社会影响不好,而且容易脱水"。

　　何况,提前思春的是个5岁小屁孩呢?

陈文定

第五章　　欲望都市

女光棍过节

我问朋友，2008年光棍节怎么过的，结果似乎无形的金融风暴影响到了有形的光棍生活，都过得挺惨淡的。老吴说，要说光棍节的一把辛酸泪，那你得采访采访小马。追问为什么，回答是：有时候觉得她蛮孤单的，一个人煮一把小面条吃着。

小马是河南人，确实经常下面条吃。不过，她下的面条很好吃，不愧是北方人，有做面食的天赋。本来一个人过着居家小日子，吃着热乎乎、香喷喷的西红柿肉丝鸡蛋面，被老吴这么一形容，成了一幅形单影只的凄凉画面。

今年光棍节，小马和几个女光棍一起聚了个餐，很晚才捧着肚子回家，而且还把猪脚打了个包。我指着电视里肥肥的新娘问她，是你胖还是她胖呢？同时做沉思状。小马白了我一眼，打开外卖饭盒，狠狠地啃了两口猪脚，对我说：连个节也不让我过好吗？！

小马的要求其实不算高，用她自己的话说"差不多就行了"，小莎也是如此，对她好就行，小嘟更绝，"只要是个男的就行"。这么低的要求，又都是美女，经济独立的OL，怎么就眼睁睁地到了三张的年岁呢？

分析来分析去，不是深圳男人少女人多，而是有那么一群女人，一直在寻求一种平衡。物质基础之上，还得有精神追求。所以，小嘟虽然有既成功又对她好的男友，但最终还是无法降伏她。

如果条件能用一二三条说清楚，总会有合适的吧，若要一种精神层面的"感觉"，就真没什么标准来衡量，太难了。世界上压根就没有完人，有经济基础，又能读懂你的人，哪儿找去？重要的是自己要不断地学习，怎么在这不完美的世界中，获得爱情和幸福。记得一个心理学家说过，幸福其实就是一种体会，非常主观。

叫我说，作为一个女光棍，与其找个有钱的，不如先让自己变成有钱的，再找个有趣的。

刘晓燕

第五章　欲望都市

不想惯坏祥林嫂

2008年的一个中午，和一个朋友吃饭，说起一个共同的朋友和她近期的一次会面，那个朋友带了一个女孩，当时大家没干别的，就是在听这个女孩讲自己的悲惨婚姻。

说起来，这个女孩的婚姻还真的很有代表性，模式嘛，跟其他不幸婚姻很相似——不外乎就是丈夫有了外遇，她很痛苦但又不想离婚。两个听她倾诉的女人，一个婚姻幸福，一个也是丈夫有外遇，不过她没法忍受和别人一起拥有一个男人，坚决离了。

那个女孩说着自己如何爱丈夫、如何心疼孩子、如何当场抓奸在床、如果离婚将来如何悲惨，总之，为了维系这个家庭，她痛苦而没有尊严地活着……

我朋友的丈夫当年就是在被谈了8年的恋人抛弃以后，

祥林嫂般的到处跟人倾诉自己的悲惨恋爱史时,得到了她的同情,最后才发展成一对恩爱夫妻的。

这让我突发奇想,将身边这样的现代情感祥林嫂做了一个粗略统计,不算不知道,一算吓一跳:还真的不少,曾经的和现在的,不下8个!

他们的共同特点,是在感情上出了问题或者很困惑,比如分手、比如离婚、比如不良的人际关系等,喜欢跟很多人讲,大多是讲述对方多么不好,自己多么悲惨和痛苦。

他们渴望别人替自己保守秘密,但大多数事情都是从他们自己嘴里说出去的。最后大家会发现,"祥林嫂们"关于阿毛被狼吃的事,敢情早是公开的秘密。

如果有很多类似的现实案例,就一定会有一个理论做支撑,最后我找到心理专家,知道了这叫做"倾诉综合征"。

有此症状的人并非有多么重视友谊,而是对自己遭遇的伤心和悲痛上瘾了,迷恋上倾听者的同情和关心。

绝大多数人对祥林嫂是同情的,是愿意倾听他们诉说的,不过,其实这种善心对祥林嫂是有害的,只会让他们的"倾诉瘾"更深。

现在总结一下,我发现自己身边的这些"祥林嫂"的症状还没有到很严重的程度,但我所做的,原来会令他们上瘾更深。

如果他们走运的话，可能会像我朋友那样再次找到幸福；如果不幸的话，结果就是变成怨妇，而且后者可能性更大。

亲爱的祥林嫂，如果下次我毫不留情地打断你，请原谅，我是为你好。

刘晓燕

32岁处女尴尬似做贼

阿方（化名）不是个工作狂，但2008年10月11日之后，她每天逼着自己拼命工作，实在无事可做了，宁可和清洁工阿姨一起打扫卫生也不想早回家。

究竟何事给她如此大的压力？

因她32年处子之身破了，而且是做妇检时被粗心大意的医生捅破的。

事后，有医生称可能因为看到是大龄青年，便想当然认为肯定不是处女，没有问是否有性生活便进行检查。结果阿方检查过后下身便出血，复检确诊为处女膜破裂。

阿方说，无法用语言来形容当时的心情，只记得当时给好朋友打了个电话，后来脑子一片空白。

事隔两天后，当我采访她时，她像祥林嫂一样反复嘀

第五章　欲望都市

咕，"怎么碰上这么窝囊、荒唐的事？"更让我惊诧的是此事给她带来的尴尬和压力之大，让她身体每一根神经都非常敏感，比如见面就约定不许写其真实年龄，连其租住的辖区都不能提，她说只要暴露一丁点真实信息，其同事就能猜出是她来。而据我所知，她所租住的辖区至少住了几万人！

不仅如此，吃早餐时她不敢坐在"大庭广众"之下，硬要挤进一个容易被遗忘的角落里，若有异样的眼光无意间瞟过来，她马上警惕地将没说出口的话咽进喉咙里，低头不语。

没有任何一条法律规定，30多岁还是处女就是个罪人，也没有法律规定，处女膜破了就不是个好女人，但她给人的感觉十足像个小偷，每到一处都警惕地环顾四周，看是否有人在监视或偷窥。不知阿方是担心别人知道她32岁了还是个处女呢，还是担心以后的男友会计较她不是处女。

虽然医院表示要免费帮她修补处女膜，但她说更希望医院出个证明，证明她的清白。

阿方的一举一动使我情不自禁想起很多荧屏上的画面：那是在上个世纪初，男女新婚之夜，婆婆会交给儿子一块崭新的白毛巾或亲手将其铺在新床上，次日一大早，婆婆来检查毛巾是否见红，如果没看到红色的血迹，那新媳妇就算不会被退婚，也永远没办法挺直腰板做人了。

阿方的精神状态和荧屏里没有见红的女子多么相像，所不同的是，荧屏里的女子是制度和环境压迫了她们，阿方则是自己压迫了自己。

王丹丹

第五章　　欲望都市

80后的我们，要做恋爱的犀牛吗？

　　2010年1月12日，孟京辉的大戏《恋爱的犀牛》在深圳公演，我和一帮同事抱着学习的态度去观摩。因为即将上演的年终晚会上，我们要给同事们表演我们自己的版本，而最近正在紧锣密鼓的排练中。

　　去的路上大家还在讨论着角色，可是从剧场出来后，大家一路沉默不语。回到家，我收到同事短信：看你面无表情，似乎不高兴。难道还沉浸在话剧当中？没有回复信息，我独自坐在家中，四周却是一片死静，这是寂寞的感觉，像沙尘暴的漫天灰尘，以鬼魅的流动速度，细微地包围了全身。

　　话剧里，男主角对女主角那近似偏执的爱情，一直在脑子里回旋。然而，在有无数选择的现代社会，人人都能找到最佳位置，都能在情感和实利之间找到一个明智的平衡点，避免落到一个自己痛苦、别人耻笑的境地。

可是，在对自己情感的过分保护下，我的朋友们却抱怨得不到真爱。一位毕业两年的师姐在MSN上调侃自己的爱情，"我和他交往快半年了。但新年计划里，没有任何他的角色。"接下来，我们的话题围绕着80后的爱情观展开，得出的结论是：要想犀牛般坚持爱情，但是谁又放得下自我？

80后已经到了谈婚论嫁的年龄，但是身边好多同学和同事仍然是单身。当我问及他们的时候，回答都是：婚姻是件大事，不敢太草率了，或者说没有碰见让自己心跳的人。好像谈恋爱对80后来说，已经成为一种奢侈。

不管谈过与否，都不敢把太多的感情放在恋爱上，因为害怕失败，所以承受不起。80后挣扎过，彷徨过，还是挺过来了；80后正褪去青春的稚嫩，开始适应社会的大熔炉，有梦想等着去实现。不像90后那样敢爱敢恨，可以大胆说出自己的爱，哪怕是被拒绝。

最近，身边有一位闺蜜错过了好男人，当自己心仪对象成为别人老公的时候，她偷偷抹一把泪，然后找三五闺蜜出去大吃大喝一顿。挑着这个男人的毛病把他骂得一钱不值，而后还是抱头痛哭。

第五章　欲望都市

　　我那刚满三十的安姐姐托人介绍后，去年完婚并跟着老公去了东北。婚后一直给我们晒甜蜜，照片上人也显得丰润了不少。前段时间，好不容易回趟广州，见到我那群恨嫁的闺蜜，规劝她们说："我和老公是结婚后才开始谈恋爱的，这不也很幸福吗？找个靠谱的男人过日子吧。"

　　"感情靠时间积累。在外面打拼累了，就想有个温暖的家。"安姐姐好生劝导了一番，结果我那闺蜜还是不妥协："如果是这样，恋爱已经离我们远去，剩下的只是婚姻和琐碎的日子……"

　　80后的我们抱着最初的梦想，对感情不轻易妥协。随着时间流逝，80后的我们会对生活妥协吗？80后的我们，要做恋爱的犀牛吗？

王雅楠

那点老土的悲哀

"对这事,对那事,你不觉得悲哀吗?"

"悲哀和沮丧,实在太老土太陈旧。早就戒掉了。"

前面这句话,是我2008年末在MSN上问律师朋友Alice的。她的回答,让我一阵脸红。

我对Alice自己的故事所知甚少,只晓得上个世纪80年代她曾在北京读大学,后来随着一场风暴南下定居深圳,从事法律工作。以她的经历,一定目睹并亲历过很多值得悲哀的事情。

在中心书城的一家餐厅,我们第二次见面。"看你MSN的签名档才知道有一个山东的结石宝宝死了。"我开门见山地问她参与的"结石宝宝"律师援助团工作的进展,她说现在各地法院不受理家长提起的诉讼。我无语。因为我在报纸上看见的,是有专家呼吁受害者家属理解毒奶粉企业的赔偿工作。可结石婴儿的哭声,家长们的奔走呼号,我却未在国内任何媒体窥见端倪。当然,我晓得当中的难做。倒是她感慨称,目前还是媒体监督的力量最大。我想她说的是前一阵子,南都率先报道的湖北麻城结石婴儿马雪菲死亡的例子。我知道,其中也有她积极联络媒体的功劳。

我们提到了精神病强制住院问题,最新的例子当然是山东莱芜市精神病专科医院病人王修英遭护理人员施虐后死亡。那天凌晨4点左右,我把南都的报道链接发给她,她说她早知道了。虽然现在报道已经戛然而止,但Alice关注这个问题至少有两年了,还建了个网站专门收集这方面的案例。我也是见面那天才知道的,原来两年前被家人强绑入院的邹宜均正是由她救助的。当时的Alice除了道义责任外,与受助人也有契约关系。但当当事人被平白关押三个月后,Alice自己开始研究相关条文和个案,随后又有了之后的网站团队。漂亮的小邹现在出家当了尼姑——命运中的某个漩涡也许真会将人引向未知的岸,但Alice是打算把这个工作持续做下去。

同时我也想起清虚子,一位在7年前偶然接触到中国的进食障碍少女的网站编辑,随后几年里,她自己钻研有关进食障碍的医学、心理与文化,从某论坛版主到开设"健康快乐"网站呼吁网友自助,再到现在的Odet志愿团体的建立,推广集体治疗。当中曾多次得到媒体的关注,尤其是《鲁豫有约》中的一期,我没介绍,倒有几个朋友主动将链接发给我看。

和Alice再提,她淡然一笑说:"对啊,把目标分几个阶段,每一步只要取得小小的突破,就是最大的胜利了。"

叶 枫

第五章　　欲望都市

海啸来袭，吃面度日

在香港佐敦的一个地铁出口，常常可以看到一个头发灰白的老太，带着几十朵待放的玉兰、几束富贵竹或者一两盆仙人球，在路旁售卖。老太从不吆喝叫卖，只将她一双浑浊的眼睛，凝视着来往的人群，好像看着一幅画。有些脚步停下来，取走几朵玉兰，再按照价格牌上的数字，随意放下几张零钞。

我相信，有人会把这种交易当做慈善。但老太一直保持她淡定的神色。金融海啸吹袭这个作为世界金融中心的城市，老太的生意和生活却始终如一。

但更多的人，已经遭遇到2009年金融海啸带来的影响。一个出差到香港的朋友说，公司最近削减了差旅报销，而衣食住行的花费仍然居高不下。这位刚过而立之年的白领，在深圳有房子要供，有车子要养，有家人要照顾，于是出差香港的近一个星期，他都是自己在办公室中煮面吃，"这样每顿可以省十块钱。"

另一个朋友，在内地开一家不大不小的内衣厂。整个珠江三角，都密密麻麻分布着类似的内衣厂、玩具厂或者五金厂。金融海啸来袭时，他们正是首当其冲。二十多岁的朋友，已经成为家里的经济支柱。他说，现在顾客真正成为上帝。为了留住一个外国的客户，他每天凌晨两三点才睡，有时只是等带着时差的一个咨询。

"厂里一百多号人，每个月底等着拿工资。欠钱的公司，却经常传来各种各样不稳定的消息。每天让人担惊受怕。"朋友说，过度的紧张让他睡觉的时候都咬紧牙关，有时早上起来满嘴都是血。为了节省开支，他给自己定下"N不准"，如每个月不准去两次KTV，一年内不准买手机……以前不关心时事的他，现在每天都要看经济报道。

对于这场金融海啸的威力，和将持续的时间，至今未有定论。但政府和社会各界却已在采取行动了。以前游离于政府的各种大会小会，听些宏观大论或者遥远蓝图，多少有些事不关己的感觉。但当危机袭来，我才切身体会到，政府的一举一动，都牵动着千千万万人的生活。

危机袭来，更显真情可贵。我们敬重那些有担当的政府，而那些或淡然或省衣节食或夙兴夜寐的人们，也都是值得尊敬的。只是请不要在危机中沉沦。

庄树雄

第六章 生活秀

放下纸笔，立地成不了佛，记者依旧是血肉丰满的人，这一次，让客观去见鬼，要唱出我自己。

我的工作决定他的生活

不知道是谁说过，一个男人当他开始为人之父、就即成为一个真正意义上的男人，这话虽说有些绝对，但在我初为人父之后，才真真切切感到到什么叫责任，养儿方知父母苦，这个苦，既是体力活，也是脑力活。

比如，每天早上6点，儿子便醒了，先是一个人哼哼唧唧翻来翻去，见无人理会，语调升高，尿啊出不满，而我和他妈因为半夜起床给他冲奶喂夜，此刻腰酸背痛，还不停候我穿衣吃早饭？小家伙执议了，撩着眼皮爬未脱去，还连哄带中，然手抓儿子硬去的地方鼠去，是空的，躬开眼一看，不好！他已爬到床的波浪，瘫贷住了尿，屁眼就要失去重心栽到木地板上，我赶紧手快，用伤一把搂住他的屁股，渐抓青耳朵将他扯上床。

穿衣，把屎把尿，儿子掉得浦肪通红，挣脱出来，他一定要盯脊蓝中的奶瓶，口中竟叫"爸爸、爸爸"的叫，这不是商骂我吗？可是我找都给他换上、冲奶、擦擦涂，喂儿子鸡蛋羹，可能菲委自己抢者勺子，提得满脸都是。我一把夺住勺子，他大哭，任凭你软硬兼施，他便是不肯张嘴吃东西。没办法，只好再给他一个勺子，让他自得其乐。

儿子是2007年农历节那天出生的，如今刚4岁6个多月，他已经知道自己的名字、喊他，他会笑着回应，但他也会"唰啊"地认真瞪我几眼。他妈妈出门上班，他会挥起小手，像庶托施得几下。生活中的一切人和给他名书，他会紧住我的手指，一会几蘸这个字、一会几指那那图片，虽然还不明白大人说的什么意思，笔，可乐说。无穷善无限的乐趣。他的世界里交棒单这，饿了吃，困了睡，便是现、玩时，一刻也不住，手抓，嘴啃、脚踢、眼看，我有时怀疑他是不是有多动症，相像不好要点。他便飞了出去。

儿子这一代人不比出生在上世纪70年代末的他爸爸，生活条件完全不可同日面语。奶粉、木糖、尿片、吃喝打票都要花钱，随着他一天天长大，需要花钱的地方便越多。大人节俭省下的费用，全都花在小孩身上。夫妻俩干得不努力工作，以保证他的奶粉能按时及时赶上。才提醒讲、多写一条粮，也许就是他这个月的。被纳帆，再多写一条。尿片就有了保障。我的工作勤奋与否，直接关系到他的生活收量。

第六章　　生活秀

我的工作决定他的生活

不知道是谁说过，一个男人当他开始为人之父，他便成为一个真正意义上的男人。这话虽说有些绝对，但在我初为人父之后，才真真切切领略到什么叫责任。养儿方知父母苦，这个苦，既是体力活，也是脑力活。

比如，每天早上6点，儿子便醒了，先是一个人哼哼唧唧蹬腿伸懒腰，见无人理会，语调升高，流露出不满。而我和他妈因为半夜起床给他冲奶宵夜，此刻睡得正沉。还不伺候我穿衣吃早饭？小家伙抗议了，撅着屁股爬来爬去。迷迷糊糊中，伸手朝儿子睡去的地方抓去，是空的，睁开眼一看，不好！他已爬到床的边缘，脑袋往下探。眼看就要失去重心栽到木地板上，我眼疾手快，用劲一把拽住他的右腿，像抓青蛙般将他扯上床。

穿衣，把屎把尿，儿子挣得满脸通红。排泄出来，他一定要盯着盆中的臭臭，口中发出"爸爸，爸爸"的音。这不是侮辱我吗？可还得接着给他洗脸，冲奶，蒸鸡蛋。喂儿子鸡蛋羹，可他非要自己拽着勺子，搅得满脸都是。我一把夺过勺子，他大哭，任凭你软硬兼施，他就是不肯张嘴吃东西。没办法，只好再给他一个勺子，让他自娱自乐。

儿子是2007年圣诞节那天出生的，如今刚好8个多月，他已经知道自己的名字，喊他，他会笑着回应。给他念书，他会握住我的手指，一会儿指这行字，一会儿指那幅图片。虽然还不明白大人念的什么内容，但他也会"啊啊"地认真跟着读。他妈妈出门上班，他会扬起小手，象征性地挥几下。生活中的一切人和事，对他来说，充满着无限的乐趣。他的世界其实很单纯，除了吃，睡，便是玩。玩时，一刻也闲不住，手抓，嘴啃，脚爬，眼看，我有时怀疑他是不是有多动症。稍微不抱紧点，他便飞了出去。

儿子这一代人不比出生在上世纪70年代末的他爸爸，生活条件完全不可同日而语。奶粉，米糊，尿片，吃喝拉撒都要花钱。随着他一天天长大，需要花销的地方也越多。大人节俭省下的费用，全都花在小孩身上。夫妻俩不得不努力工作，以保证他的奶粉能够及时跟上。于我而言，多写一条稿，也许就是他这半个月的一罐奶粉，再多写一条，尿片就有了保障。我的工作勤奋与否，直接关系到他的生活质量。

陈 铭

我愿长醉不愿醒

人要在正好的时候，做正好的事情。

旅行，也应该参照此原则。选择合适的时间，合适的地点，随同合适的人，行走在不叫"家"的地方，看那里的历史兴废、王谢风流，或者前线潮流、时尚气概。

我一直认定自己的最爱是旅游，其实不对，应该叫旅行。坐船坐车或仰仗万能的双脚，穿行在一个没有工作压力和情感缠裹的地方。这断定是一种享受。

相比巍峨高山、浩瀚大海、繁华都市和最近大家都趋之若鹜的大理、丽江、阳朔、凤凰，我可能更喜欢有着历史沉淀的二线城市。例如洛阳、苏杭、昆明、成都，还有我从未去过的南京、西安等。

逛这些地方就像逛古董铺子，可以在摩天高楼的城市

第六章　　生活秀

中央，发现一片绝壁，危亭翼然。是的，沧桑的遗痕总是在街角路边或者转角处，恍然一现。也可以跟着人流，到景点去观摩，拣着路去看岁月留下的印证，当然，不必恶狠狠地批评这廊柱这窗楞是后来涂抹的，也不必探究这摆设这装饰都是仿古赝品，要的，只是眼前这静默的悠远的画镜，去领悟古人当时的情思。

至于批评探求，那是考古学家的事儿。

对于这样的城市，有的人去到这里是去摩挲、凭吊，带着自己过往的故事和回忆。而旅行的人则完全是发现、享受和遐想。最好是在气候不寻常的日子，大雪大雾大暴雨，停留在陌生的屋檐下，夫子庙前，秦淮河畔，或者懒懒地坐在小馆里，吃一碗茶，看眼前朦胧的过客。我相信，阳光明媚繁忙拍照地度过一天，远远不及错乱了计划发现小惊喜的一天。

我喜欢走街串巷，在有湖泊、亭台、竹林的城市看烟水苍茫，叹无界空蒙，倘若能在微醺之后，凭栏眺望，迎着小风，而后似睡非睡地躺在一张大藤椅上，听着箫声闻着花香……天，长醉不愿醒者，舍我取谁？

于是，有时候憎恶自己的懒散，宁愿坐车直接去到大商场逛街，去到富丽堂皇的酒店吃大餐，也不愿意去爬城楼、走深巷，雅事不作，尽是局促地例行公事，真真浪费了美好时光。

　　旅行，应该是慢调的，小资的，宁愿在不知名的咖啡屋看玻璃窗外行走的人，也不要打游击似的辗转在所谓的必看景点之一之二之三。这，只能算是在正好的时间，做了偏倚的事情。不仅仅是浪费，也是遭罪！

陈　祺

幼时过年有三"盼"

过年的脚步越来越近,想着今年第一次一个人在外过年,不免有些惆怅。本报最近在社区版开了一个专题,叫"过年之年'味'",突然小时候那些对过年的期盼,在心底泛起一丝丝甜蜜。

一盼:穿新衣服。从小一直持续到我上高中,每到过年的时候,家里总会给我一身新衣服。从最初的青绿色的小棉袄,到稍大点时红彤彤的滑雪衫,再到上高中后的一套新西服。总之,虽然衣服的样式不一样,但过年要穿新衣服是雷打不动的。

按照老家的风俗,过年的新衣服,必须在大年初一的早上才能穿。而大年初一的早上,也不能让大人来催起床的,说是如果大年初一的早上还要大人催,那新的一年就会变得很懒。每到大年初一,我一般都会早早地醒来,自己抢着去穿新衣服和新鞋子。

记忆最深的是,过年买的新皮鞋,老爸都会早早托人在鞋底钉上铁皮,走起路来会发出清脆的响声。穿着新衣服,踏着新鞋子,到村里走一趟,跟小伙伴们比试。

二盼:抢"猪八戒"。小时候,每家每户过年的时候都会杀一头猪,对我们小孩来说,最激动的就是抢"猪八戒"。这个"猪八戒"其实就是猪头里的一颗小骨头,骨头中间有一个小窟窿,可以用红线穿起来,挂在脖子上或是手上。

记忆里的场景:一个小院坝里,十来个小孩围着"杀猪大叔",叔叔伯伯的叫个不停,每个人都希望得到"猪八戒"。一头猪被放完血,被气筒胀得鼓鼓的,全身的毛被煺尽,被大人们用铁钩挂到木梯上。"杀猪大叔"拿刀从猪肚中间一刀划下来,小伙伴们一窝蜂地冲到楼梯下,一个个使劲地仰着头,盯着猪头,搜寻"猪八戒"。当"杀猪大叔"把"猪八戒"取出来,那一刻,所有的小伙伴骚动不已。当有人幸运抢到"猪八戒"后,有人乐滋滋,有人大声哭,有人则羡慕不已。然后,大家又等着跟"杀猪大叔"到下一户人家。

三盼:上坟、挂坟纸。很小的时候,大人们说过年给老祖宗们上坟，就不会有小鬼上身来纠缠。等到上学以后，大人们又说在过年时候给老祖宗们"拜年"，就会得到保佑，学习成绩就会变得很好，还能考上大学。所以，从小就跟着大人们去上坟，挂坟纸。

上坟有很多讲究，比如第二年闰年的话就不能上，如果年前"立春"也不能上。所以，更多的时候，就是挂坟纸。五颜六色的纸，经过爷爷的打磨后，就会变成一长串，很大一束。上初中以前，因被担心放鞭炮出事，只能跟在大人后边去挂坟纸。等上初中后，给老祖宗挂坟纸就成了我的"专利"。

于是，每个大年三十的下午，吃过午饭后，我就一个人拎着几十束坟纸，背一个装满鞭炮的包，先爬到村里的山顶，由远及近，先是将坟纸挂到坟头，然后磕头并默念祈求祖宗们保佑，最后放鞭炮。山上山下，山前山后地跑下来，经常满头大汗，内心却很是得意和自豪。

邓淋彦

就是这样

我知他太迟,真的,就是这样。房价、医改、抢劫、年度总结、《阿凡达》……统统被踢出脑袋,情不自禁换装的是他不断闪回的影子,可他已去了天堂。

他就是迈克尔·杰克逊,曾经的神。

时间倒流到1994年,刚上大学,每月仅仅能从父母那领300元生活费,在成都那个看上去花钱不心疼的地方,我最奢侈的消费顶多是去新南门的溜冰场玩一下。在那儿,迈克尔·杰克逊的歌放得最多,手拉手的小年轻们格外投入。

从那时开始,我认识了迈克尔·杰克逊,但谈不上喜欢。偶尔会有感谢他的时候,每逢 *Heal the World* 的歌声响起,场内灯光骤然变暗,小年轻们会趁机拥在一起,紧紧地……但这首歌好像时间不长,播完了就散场,依依不舍的是不想分开的男女们。

　　无疑，溜冰场是爱情圣地，尤其对手头银两短缺的小年轻们，而迈克尔·杰克逊也不清楚他的歌不经意间成就了多少初恋。

　　神有时也料不到会被八卦、丑闻摧毁，迈克尔·杰克逊也一样，恋童、整容失败……美好的回忆被摧毁，迈克尔·杰克逊一度成为我们茶余饭后的笑话，接着，我们忘记了他。

　　就是这样，直到2010年1月看完 *This is it* —— 一部关于迈克尔·杰克逊夭折的演唱会前彩排过程的纪录片，片子没有剧情，没有悬念，但泪水悄然滑落。

　　他就是音乐精灵，一直在简陋的舞台上跃动；他是那么认真，锲而不舍地和键盘手"纠缠"，他不停扭动，友善地指导舞蹈演员……我甚至忘了细看他的脸，但决不会忘记倾听彩排现场暂时无事的演职人员们忘情地鼓掌。

　　他在片尾给出承诺——"要带你们去没有到过的地方，给你们从没看过的艺术。"他没食言，他做到了，还来不及体验他给的艺术，但已忘不掉他的影子。

丰　雷

窃"开心"不为偷

现在是2009年一个早上的7点29分,强烈的责任感让我睡不着。开心网上的郁金香熟了,我得在1个小时的防偷期内把它们收了,并且再种上性价比最高的神秘玫瑰。然后,顺便去别人的地里逛一圈,几分钟内的收获如下:3个土豆,2根胡萝卜,4条黄瓜,6个杨梅,3个桃子,1朵芙蓉。玩这个游戏的朋友越来越多,级别越来越高,只有起早贪黑才能有好收成。

在网上争车位、买房子都曾经吸引过不少的拥趸,但自从送出了"花园"功能,游戏终于迎来了它本该有的癫狂。或许真的每个人心里都有一亩田,开靓车、住别墅,虽说是城市小白领的梦想,但毕竟和现实太像,缺乏浪漫主义色彩。只有种桃、种梨、种春风,才是在这样一个阳春三月,这样恶劣的金融危机裁员减薪背景下,我们能找到的一小亩"梦田"。

西西因为搞不懂最近她老公为何频繁上网,向我讨教这样一个种胡萝卜偷西瓜的游戏究竟有啥乾坤。这个热衷于网上"小三帖"研究的已婚少妇,在了解了一切事实后,不禁长叹一声:"偷菜总比偷人强!"于是她就释然了。

北北却纠结于高中同学的不友善行为:频繁偷她的果实。她先是给对方留了言:别人偷你也偷,别人偷一个,你偷十个,你丫缺德不缺德啊。同学是个天蝎座,也不正面回应,悄悄地把她的车贴了条。北北气急败坏,回头就把在人家田里的爱心地给铲了。可怜那一株即将开花的红玫瑰,就这样见证了一段友谊的结束。"这个人偷品不好。"北北如此解释她"挥铲斩情谊"的做法:"反正也是那么多年不联系的同学,断了就断了。"

北北在公司做人事,凡事喜欢琢磨。据她观察,最初玩开心网,很多人是冲着"社区网站"可以帮助他们建立熟人圈子的目的。加加好友,停停车子,住住房子,虽然有"贴条"、"抢人"等功能,大家都还处于"各干各活,各赚各钱"的和谐状态。可偷果实就不一样了,这其实是人们内心"不劳而获"心理的外显,有攻有守,才是现代人际关系的主旋律。你看看那些在茶水间对话的同事——"你不晓得啊，我刚看到小朱给刘主任送了20个人参果，真恶心，马屁拍到这个分上"，"我最鄙视王胖子了，就只会种胡萝卜，更搞笑的是，还要请个菜园老伯看着……"——这也是办公室的一种新政治吧。

　　Lily说她干一行爱一行，一定要在地里种出人参，她的人生才完美；小迈说她要靠13个"马甲"最终开上兰博坚尼车队，住上600万别墅，然后戒网；小陈说他之所以只种不收，是因为这样能塑造自己大方宽厚的形象；文文说她有一个笔记本作备忘，自己的庄稼什么时候收，别人的果实什么熟，列清楚才不会忘记；赵小胖最近迷上了在最后几秒收东西，这让等的人直跳脚，而他却独自暗爽；刘牛下载了《农作物种植性价比一览表》，严格按照每小时收益播种……

　　每个人获得的乐趣不同，只是在倒数3秒不停刷屏等下手的那一瞬间，大家都还是开心的。

李　骏

人性的弱点

2009年10月,接连看到老人死亡的消息。先是吕正操,随后是钱学森和唐德刚。这些消息总让人感慨万千。看看不同人的不同人生,有时候真的很感慨人手中的那条生命线真如此神秘?要不怎么会有茨威格的《人类群星闪耀时》这样经典的文字传世呢?其实,"世事的起伏本来就是波浪式的,人们要是能够趁着高潮一往直前,一定可以功成名就,要是不能把握时机,就要终身蹭蹬,一事无成。"或许我该相信莎士比亚他老人家说的是对的。

不过,不知从哪一年起,每看到一个人的去世消息,我就会下意识地想起意大利的马基雅维利和他的《君主论》。

"人们容易忘记父亲之死而不易忘记遗产的丧失。"就是这句话,总会从我脑海里蹦出来。这句话也可理解成一个人忘记他亲人的死，要比忘记丢了几个金币快得多，也容易得多。不知道明年还有几个人会记得今年吕正操、钱学森和唐德刚过世的具体日期？反正每次翻《君主论》看到马兄这句话后，我就深有体会和伤感，可能我现在强迫记忆，但明年我还是会忘记，但谁欠我的钱，我应该还记得。

我的外婆、大爷爷和舅舅都是前几年过世的，但我依然记不起具体是哪一天过世的，尽管他们生前其实对我都很好而且很有感情，但我依然是那样无情地忘记一些具体日期，但我有一个同学也是几年前借了我2000大洋，我却至今记得清清楚楚，并至今对他不还有点耿耿于怀想不通。

我很喜欢看讣闻，尤其喜欢看《南方人物周刊》杂志最后一页的讣闻。虽然记录的人物基本都是像你我一样的小人物，但是由于和记者采写的不一样，那些文字全是过世者的亲人自己写的，看起来更让我感动。但每次看到这些感人的讣闻，我总会想起马兄这句话，心里就不是滋味，但有时候又必须承认这个事实。能有讣闻的出现，对死者或许是最好的纪念方式。我总觉得至少现在还有人在用文字纪念他（或她），并可以保存下来，时不时拿出来看看想想他（或她），否则可能还没过一年，就真的没几个人甚至是自己的亲人能很清晰地记得他（或她）了。这或许就是人性的弱点吧。

刘　荣

实习生生存之道

七八月是实习生的季节,这些年轻的面孔总会令办公室多一份谈资。

2009年夏天,最新出炉的"最牛实习生"是英国伦敦一名15岁少年马修。因机缘巧合,马修进入了摩根士丹利实习,他以一份长达3页的实习小作业,征服了摩根士丹利的分析师,令他们对外全文发布了这份实习生撰写的青少年媒介消费习惯研究报告,最终这份报告成为了摩根士丹利发表过的阅读人数最多的报告之一,《金融时报》、《泰晤士报》也专访了马修。

有牛人,也有"雷"人。同在媒体的大学好友A带了一名男性实习生B,出门采访,折腾大半天回来后,A请B将刚刚采访的内容整理出来,便自己忙活去了。过了大半天,B

磨蹭磨蹭,将几个小时的采访,总结成几句以四字成语组成的句子扔给A,后面加了一句:"就这些,其他你自己发挥吧,哈哈。"看得A目瞪口呆。莫知更令人诧异的还在后面,又是一次采访归来请B整理采访记录,这个大男生两手一摊,问A要采访笔记,A说:你采访不记录?B很镇定地回答:"我看到你记了,我就省功夫了。"把好脾气的A气得牙痒痒。

但没有最雷,只有更雷。一位在某报市场部的师兄C,某日拜托他的实习生D寄两份快递,一份到北京,一份到上海。就在快递即将送去的当口,C看了看快递单,纳闷地问D说:"怎么写了'湖北省北京市'?"D振振有词:"北京以前不是湖北的吗?"D一阵无语,提笔把"湖北省"去掉说:"那是河北,而且直辖市不用写省份。"D恍然大悟,拿来另外一张快递单:"哦,那上海前面也不用写江苏省了。"

在诉说实习生的种种时,A以无数个感叹号表达她的愤慨,再回忆了我们当初实习时,如何战战兢兢、吃苦耐劳云云,这令我每次看到办公室里面那些羞涩的笑容时,总会忍不住想,面对现在的就业形势,尽管他们不可能每个人都是"马修",但也至少不应如B或D一般,实习期是从象牙塔进入职场的过渡，勤奋认真谦虚是必备的武器，这当然称不上经验之谈，可谁又想如B如D一样，成为别人的笑料？

石秋菊

16年前,我创造的不是人体

办公桌上,摆了两幅装裱后的人体画。

不知道内情的人,或许以为我是色情狂。色情到连办公室也不放过。

或者,以为我有器官崇拜情结。

其实不然。这两幅画,是我16年前画的。

16年前,我还不满17岁。纯粹的少年。

当年,我刚参加完高考,落榜了。于是从小地方去了省城南昌打工。

我去的是一家名叫"江西工商"的杂志社,做的是发行。所谓发行,就是当杂志印出来之后,骑着车子把杂志送给城郊的订户。

作为一个少年,其实是有宏大理想和抱负的。从内心深处，我不希望自己只做一个出色的发行员。

于是，每天送完杂志，我练书法、画画、写诗，向外投稿。

有一次心血来潮，我窝在办公桌上，拿着钢笔在纸上乱画着。旁边摆着一本《江苏画刊》，画刊上有一组人体油画。

那时美术界不时兴审美，只时兴"审丑"。一切以丑为美。那组人体画也不例外。过度扭曲的女人体线条，怎一个"丑"字了得？

宽恕我之前没见过真正的女人体。所以，17岁的我在看完此类人体画后，难免内心躁动，甚至脸上泛着红晕。

想必天下成人都有这种经历。我在纸上乱画着，渴望把内心的这种躁动不安发泄在纸上。于是有了如今摆在我桌上的这两幅画。

现在回想起来，当时将最后一笔线条画完后，我就惊叹自己的灵气和悟性。

这让我想起了法国画家马蒂斯，这位"野兽派"当之无愧的领袖人物。他画过几幅微型的铅笔人体画，扭曲的人体画。尤其是对女人体某些特定部位的扭曲。他故意在女人体的某些部位堆积赘肉以迎合男人的口味，使女人丧失了灵巧的体态，比如说臃肿得近乎荒诞的大腿和隆起的小腹。

呵呵，我的这两幅画，感觉有些马蒂斯风格。

我在画旁边题上了字。一是为了卖弄自己的硬笔书法，二是为了宣泄自己当时的情绪。

题字的内容是：现代抽象画是一种线条的造化，是作者生命的抖动和静默灵性追寻出来的，从线条中可以获得松弛自身的顷刻契机。

我拿着画，浸淫在自我陶醉当中，全然不顾旁边有编辑老师在。他们可都是70多岁德高望重的老编辑。

不知什么时候，主编站在我的背后，一脸严肃。他骂了一句令我至今记忆深刻的话——"你这么流氓，是少年流氓"。这句"少年流氓"延续到现在，也就成了我博客的名字。主编还警告我，以后再也不许画这种有伤风化的玩意，尤其是在办公室这种正派的地方。

我只能恢复到做一个出色的安分的专职发行员。

但我内心又在疯狂挣扎。我希望做比发行员更伟大的事业。

后来，我辞去了发行员的工作。我依靠我的特长，应聘在江西省硬笔书法研究会的《硬笔书法通讯》杂志做编辑。之后，去了江西师范大学读书，学的是广告学。

我满以为，工作与期望的专业领域沾边，还去大学学了两年专业，如果有机会接触真正的人体后，是不是在画人体时更随心所欲些，更职业化些呢？

但我失望了。落笔时，我摸不着北。完全没了当初的感觉。尽管当初，我没见识过真正的人体。

直到现在，不要说人体，就是随意画几根线条，都显得那么笨拙。完全没了16年前的灵动和飘逸。

反省过去。

两幅人体画，带给我的，不仅仅是感官上的刺激，不仅仅是自我意淫。带给我的，还有人生的转折。如果我的画画欲望不是被主编遏止，或许我就这样成了一个优秀的杂志发行员。

反省过去。

16年前，我创造的不是人体，是无数的线条……

陈文定

第六章　　生活秀

金融风暴中我们深度节流

面对金融风暴,每个人都有各自的感受和想法,我个人最信谁的话?首先,绝对不是经济学家。有位朋友千辛万苦到英国学了经济学后就得出一个结论:智商最高的人学物理,次之就学数学,会点数学智商还行的就学经济学。自从我数次在不同的论坛和研讨会上听到经济学家们南辕北辙的观点交锋之后,我对她的结论深以为然。

经济学家们所做的往往是马后炮的研究和结论,比如说房价怎么就那么虚高了,股市为何就一落千丈,却永远不会及时解释一些我们正在遇到的事情。比如说我一朋友在长沙卖炒货,往年这个时候旺得不得了,今年却不行,囤了100万元的货卖不出去。经济学家就没办法解释,瓜子卖不出去是不是金融危机导致的,金融危机难道严重到人们连瓜子也吃不起了吗?

所以,我在遇到一些看不清的问题时,往往会看看资本市场的态度。最务实的资本市场如果判断错误,白花花的银子就打水漂,而经济学家说什么是不用上税的。当然,资本市场也遵循着"二八"法则,大部分项目最后都打了水漂,一位某著名VC(风险投资机构)的仁兄就因为某著名项目败走鹏城,现在江湖瞎混着呢。尽管VC也会马失前蹄,不过有些原则性的东西,还是不妨听听VC们的话,我等草民借鉴一二,大抵也没有错。

其中印象最深的是2008年底红杉资本对所投资的公司提出了9条要求,条条都貌似郭德纲说相声,但仔细琢磨琢磨,确实是那么个理儿。无聊的我统计了一下,这9条要求中,有5条讲的是一回事,那就是劝人要发扬中华民族的传统美德——节约。比如"不要租用昂贵的办公室,不要铺张浪费,不要开聚会","一旦有了产品,就该减少工程师的数量"……最后一句最狠:"现金为王,甚至比你的母亲还重要"。

观察身边的人,发现个个都聪明得很,根本不用借鉴谁。比如一位很优雅、诗意的女性朋友,突然也开始勤俭持家了,能不打车就不打,能不买的衣服就少买,这在从前可是要了她的老命的；某男同事开始拿个小本本记账了，连住房公积金都取了出来；从不看工资条的某同事最近开始频繁地问勤务员"工资什么时候发"……

金融危机在我等小人物身上的影响，远比经济学家的高谈阔论来得实际和超出想象，怎一个趣字了得。

刘晓燕

现在的房价有多少白领承受得起

2009年，做了地产记者四年，居然没有买房，自己也觉得奇怪。为什么看着房价从5000元/平方米涨到15000元，又跌回8000元，再涨回15000元，看着身边这么多朋友买房子赚得盆满钵满，自己却始终住在租来的房子内？也许是当局者迷，思考的因素太多，反而无法下抉择，因此这次一有了买房的想法，又看到最近市场回暖，决定快刀斩乱麻，买了再说。

混迹地产圈多年，也不是一无所获，得出几个结论：一是决定房产价值最重要的因素是地段，亚洲首富李嘉诚数十年的经验总结，简单的"地段、地段，还是地段"八个字，的确道尽地产精髓。二是在中国买房要密切关注信贷政策。基本上，如果信贷紧缩刚开始，不要买房，房价会跌。

如果信贷从紧缩开始转为扩张，那是绝佳的买房机会，自住投资两相宜。第三，买房一定要看规划和城市发展趋势。这一点把握起来比较难，因为有些规划是画大饼，现实价值和规划价值存在巨大差异，但这也意味着巨大的增值空间，风险是不知道规划何时能够填补这种价值横沟，买房时需要在二者之间平衡。

抱着这几个"法宝"，开始了漫漫寻房之旅。首先的判断是，现在仍处于信贷宽松期，而且中期内为了刺激内需和提振经济，不大可能转为紧缩，难以出台打压地产的政策，政策环境比较安全。其次选地段，先圈定关内，福田中心区、香蜜湖、华侨城最好，但是价值已经被多次挖掘，价格太贵，买不起。读一读规划，发现综改方案的核心是深港合作，南山前海、后海有潜力。

跑到南山商业文化中心区看房，一下傻了眼，相比春节前，两居、三居总价大多涨了20多万到30万，夸张的涨了40多万。如今，两居基本140万以上，三居基本160万以上，价格稍微便宜三五万的，不是户型差就是吵得很，业主们都还很牛，丝毫不让步，不买，过几天我还加价。

连续看了两三周，老婆比较喜欢一套150万的两居，回来一算账，发现砸锅卖铁举债借钱勉勉强强能承受，思前想后几天，决定咬牙拿下，结果电话一问，中介说已经卖了，现在有套类似的户型，165万，你要不要？

我倒是想要，但是要不起。即使能再借到15万，即使神经大条，能够接受几天时间多掏15万，月供也是个大问题，加上水电物管等杂七杂八的，月供要超过7000元。现在是利率低，而且打七折，万一过一年半载，政府又加息了又取消折扣，那还不是分分钟有断供的风险？

唉，深圳买套好房好难，买套中意的房子是不用想了，要不就是再漫漫淘楼，要不就是缩住回别人的屋檐下。只是忍不住疑问，现在的房价有多少白领能买得起？刺激经济是否一定要以房价泡沫为代价？我们走出金融危机的手段，是否就是以一个大泡沫代替前一个泡沫？

陶文杰

第六章　　生活秀

幸福感和数字无关

世伯的女儿两年前从澳大利亚研究生毕业，拿到绿卡后，以派驻中国区员工的身份来到深圳，在我为了砍掉一百块钱的房租与别人争得面红耳赤之时，人家的起薪就开到了月入2万以上，令我心理不平衡了好一阵子。

前几天突然接到她的电话，说打算下周回澳大利亚了，原因是金融危机冲击下，公司大幅降薪，原来月入2万多一下子缩水了一半，"这样下去，在深圳生活还有什么幸福可言？回澳大利亚，就算不工作，每星期起码也可以领500澳元的政府补贴"。

抛开月入1万究竟能实现怎样的生活质量不谈，这种表述背后的潜台词不言而喻：就"幸福"而言，即使在异国他乡领取"综援"，也比在深圳享受月入超过万元来得容易。

这一观点显然背离了就在前几天深圳社科院刚刚发布的"深圳人幸福感调查报告",那上面得出的结论可是,只要月入3000块,在深圳就基本上能够"幸福"了。

托尔斯泰先生说幸福的家庭总是相似的,但幸福究竟是什么,却依旧是莎士比亚笔下的哈姆雷特,一千个人就会给出一千种答案。刚到深圳的时候,我曾经梦想的幸福是:在一个属于自己的空间里,惬意地享受一杯午后热咖啡,窗外最好还能飘落丝丝细雨,房间内最好是暖色调的昏黄灯光,或明或暗之中营造出带有格调感的沉醉。

虽然我认为自己这一对幸福的具体要求很简单,但也不得不遗憾地承认,这个看起来很有气质的词语,在当下获得支撑的最佳途径就是庸俗的物质。

比如说,当我喝着热咖啡的时候,还需要想着明天的信用卡账单如何打发,这个月的房贷要从哪里挤出来,如果用喝咖啡的时间写条稿子,说不定还能赚上个百八十块钱等等,相信这杯咖啡的"苦涩"中,是无论如何也喝不出"幸福感"来的。

再想想那位执意要回到资本主义社会过"穷人"日子的朋友,也就可以理解,所谓幸福,其实必须是在解决了种种生计压力之后的主观体验,如果一个完善的福利保障机制将诸如看病、住房、养老等后顾之忧都解决了,幸福感的获得成本自然就会跟着降低。

其实,既然幸福感这东西,完全源于个人的内心体验,飘忽不定,硬要用数据分割成种种群体,再用数字表现出来,就多少显得有些制造"善意的谎言"。想想看,以深圳的高物价,每个月挣到3000块钱,就觉得幸福了,那你累死累活挣到了1万的,还有什么可以抱怨的呢?

让这些冷冰冰、硬邦邦和我们毫无关系的数字游戏一边站着去吧,要知道,幸福已是不易,如果还要和这些数字扯上关系,岂不活得太累?

王 莹

对话的真实

生活忙碌而无序,读书日少。2008年11月,唯一花时间看了一下的书是王朔的《和我们的女儿谈话》。经过去年年初全国媒体对王朔的折腾,到现在快两年,人们也都把他忘得差不多了。今年年初出版的这本书在市场上也没再引起什么波澜。在信息爆炸的年代,忘记一件事太容易。

王朔之前的很多书基本上是把他自己的青春和别人的青春糅捏在一起讲故事。虽然这些东西大获认可,可他仍然觉得自己之前写的东西过于花哨。在这几年来他一直想追求更真实的表达。这本书就是他这种意图的呈现。在形式上是对话体,内容则是跟女儿和朋友女儿在不同场景的谈话、追忆和争论。

看起来像是聊他自己的事情,实际上内容也有真有假,因此定位还是小说。无非是通过聊天来表达他自己对人生和这世界的理解,但很多回忆可能也是通过他自己的理解而进行虚构的。

任何事情一旦时过境迁,再回忆、叙述,都不可能真实地再现原貌。任你怎么去还原,也都是经过修饰的。经过了头脑的中转,经过了自己有意无意的忽略或添加,就不必说不同的人对同一段文字理解时的千差万别了。

即便记者这份记录现实的工作,哪怕是当天采访的东西回来就形诸文字,也不能说它完全真实。文字归根到底是一种修饰符号,它有造假的天性。所以,经常会有人提醒不要企图从文字里去了解历史。然则,从新闻里了解现实也是徒劳?

但新闻依然坚挺地存在,人们需要了解现实。而文字提供了这样的传媒介质。所谓立此存照,它的意义在于可以提供一个参考的依据。在杂乱无章的信息传播中总能让人们领略到一些关于现实的东西。事实上人们也是这么做的。

在各种文字中,实录的对话最不容易造假。这本书里王朔有一句话:(生活中)没书可以——基本无好书可以拿聊天替。因为聊天(对话)提供的信息更为丰富,在互动形式下展现出来的东西天然去雕饰。

前两年出了一本关于梁漱溟的书《这个世界会好

吗？》，其内容就是一个美国佬艾恺与梁漱溟的对话录，真正的原文实录。在对话中，一切东西都比较质朴和真实，相信梁漱溟自己写未必能展现得这么丰富。

说到对话也廉价，生活中每天都充斥着形形色色的对话。但记录下来的太少，当后人了解我们这个时代的时候，看泛黄的新闻，不如倾听一下曾经存在于生活里的那些质朴的声音，那些原汁原味的生活。

杨 涛

第六章　　生活秀

噢,那该死的拖延症!

2009年10月16日,此刻,我正一边紧张地盯着荧屏中打开的文本框,一边大嚼着我的午饭,还要用掌心全是汗的手抓过手机看一眼开会时间,脑中幻化出一会儿迟到走进会场时领导们山雨欲来风满楼的脸色。

又变成这样了!早在这周初,我曾万分悲壮地对编辑许诺:"我恨死拖延症了!我这周要把它写成一篇记者新文,早点写完给你。"人家发了一句"呵呵"表示怀疑。

果然,我又一次的身体力行,再一次地证明了它的效力。

拖延症先有个洋名——Procrastination,咱们从小就听说,拖拉是阻碍个人成功的绊脚石。那么你也得承认,石头这种东西是最普遍的,满地都是,你要是不上心,这辈子就等着被绊死吧。

从童年时非要看动画片至老娘回来前才淘米，到做学生dead-line前几昼夜靠咖啡支撑着做完期末设计，再到如今做记者常常慌不择路地以每小时1500字的速度码字……有首席编辑直指鄙人为"大害"，有杂志在我的作者简介中只登了一句话："××小姐，常灾难性拖稿、脱稿"，我常常为这些诨号感到羞愧，却依旧在下一个美好的清晨，咬两块薯片，翻一翻闲书，迟疑着播放专辑的顺序该是12345还是35412，和聊天工具上的朋友嘻嘻哈哈几句……于是洗心革面重新做人的计划又over了。

和同行朋友交流，其实多数人都有过这样的经历，只是频率不同而已。每逢聊得正欢，线上的朋友突然隐身了，你多半能体恤地想到是她的编辑来催稿了。对于记者来说，拖延的后果是，好的素材被别的媒体捷足先登了，等你启动了，采访对象出差去外地了，更有些宏大的选题就悄然无息地销声匿迹了……沉默中，你的老板爆发了，你灭亡了。

最近读了尼尔·菲奥里的《战胜拖拉》*(The Now Habit)* 一书，有别于绝大部分的实用书籍，它对"拖延"的根源给出了详尽的心理分析，被许多拖延者誉为savior。看完第一章，我已经深刻认识到，原来频频拖一件事，不是因为马虎，不是因为懒惰，恰是因为自己要求太高，太过完美主义。

你害怕失败，害怕有缺憾，害怕无法将预期中的完美实现，害怕被人评判，害怕你的付出得不到认可。你拖拉，只是因为它可以暂时让你逃避去想这些问题，减轻面临评判时的恐惧。当然，也可能是因为你在上一次的拖拉极限中，仍旧取得了不错的评价，于是就强化了自身的心理暗示，认为"我适合高强度的工作"。

但不是每一次都能那么幸运地福至心灵，当你形成了拖拉的模式，每一次都因为自己吹毛求疵的要求，因为对失败的恐惧而自我批评、焦虑并抑郁，你就会反复用更拖拉的办法进行暂时的逃避。豆瓣上有个"我们都是拖延症"小组，里边组员因拖延付出的代价千姿百态：有学生最后拿不到学位，有商人最后丢了大单子，还有人甚至只是玩着"空当接龙"，一直拖到错过出国的机会。

人世间最痛苦的事情，莫过于此：一种因耽误而产生的持续焦虑，一种因最后赶工而造成质量低劣的强烈负罪感，一种失去人生中重大机会而产生的深深的悔恨。因此，我只想把这本书前言中的一句择出来以飨大家："我选择从不完美的一小步开始。"——然后，我该飞奔回报社开会了！

叶 枫

论模范夫妻的倒掉

明星夫妻不易做,但无论过去、眼下、未来,仍有数不清的明星要做夫妻,他们或高调,大张旗鼓;或隐晦,不言不语。

上山易,下山难,一鼓作气领个结婚证容易,风光体面地摆上几百桌大宴宾客也不难,可一旦姻缘路走到尽头,压力、臆测、评论如暴风雨袭来,非常人所能承受。

伊能静和庾澄庆,郑裕玲和吕方,2008年底频频现身娱乐报章,他们应该最能体会这番滋味——据小道消息,吕方分手后一人独坐喝闷酒,而哈林即使在节目录制现场,登台前也挤不出一丝笑容。

模范夫妻为什么会倒掉?

模范是信息高度发达社会的一大成果,在大面积的通畅传播中，传播的介质往往如水，将夫妻俩的生活折射得五光十色，花好月圆。郑裕玲同吕方，女主外、男主内，一个外向泼辣，一个内向深沉，再加上十余年的磨砺，人人都道是段佳缘；伊能静同哈林，要更高调些，从结婚到生子，小哈林还时常作为两人感情的证明被人挂念，登上庾澄庆的MTV，郎才女貌——能不幸福么？

错。

模范夫妻禁忌一：切忌高调，曝光害死人。血淋淋的历史证明，曝光死不仅仅对恋爱中的笨鸟儿生效，婚后的夫妻也一样，往往不是不报，时候未到。今朝你俩花前月下、你侬我侬，媒体网络上自然是一片艳羡，大唱赞歌；明朝呢？你俩少不了有个拌嘴吵架吧，就算今晚床头吵，明晚床尾和了，那些无孔不入的镜头也会钻进来窃取你们一切不愉快的细微表情——明日的报章头条应运而生！

模范夫妻禁忌二：女方尤其切忌高调。红颜祸水的古训在今日应有新解，事实上，性别在如今的社会上本就是不相等的，媒体、受众对女性以及她们私生活的关注程度要远远高过男性；当一个镜头在追随沉默无语的吕方时，至少有十个镜头在浑身是戏的郑裕玲身边徘徊，哦，还不包括TVB的那一台。

该看看歌神学友。张老师不仅在歌唱技艺上值得追随，在处理家务上也是一把好手——瞧瞧人家太太罗美薇，嫁神随神，一入神门深似海，再也不见露头面。

再看看同为天王却小一辈的城城，显然要生涩得多，熊妹的出没显然让他琢磨不定，焦头烂额也成了必然。

倒掉了怎么办？看一眼王菲吧，上得了厅堂，下得了厨房，端得稳马桶，搞得定亚鹏——二婚？咱不在乎！

张俊彦

第六章　　生活秀

麦当娜的画像

王尔德最惊悚的作品可能是《道·格雷的画像》。美少年道·格雷为了永葆青春，不惜出卖灵魂，以求让自己的画像代替自己变老、变丑，本人则沉溺享乐、放纵。一天，他看到记录下桩桩恶行的画像已变得丑陋可怖，震惊的他拿起刀刺向画像，结果自己死了，容貌也变得和画像上一样又老又丑。

2009年1月20日，美国网友突然发布大量麦当娜2008年新专辑 *Hard Candy* 未经处理宣传照，网友们饱览一番麦姐的皱纹、黑眼圈、多处赘肉后，七嘴八舌加以指摘，兴奋之情溢于言表。

独处一室时，麦姐会不会恶向胆边生，操起手头刀，直指屏幕里那些可憎的照片呢？

它们和所有人脑海里的麦当娜如此不同。年纪或许40岁、或许50岁、或许60岁，有什么关系？麦当娜不永远是那个套着紧身T恤、塑身皮裤的风骚少妇吗？即使和才子盖·里奇婚姻破裂，也少不了贾斯汀之流相伴热舞——潮流引领者的王座上，年龄不是向来无足轻重吗？

在1922年的著作《公众舆论》中，李普曼就提出了"拟态环境"一说——现代社会巨大化、复杂化，人们活动范围、精力有限，不可能对整个外部环境和众多事情都有实践性接触，而常要通过媒体去了解认知。这样，人的行为已不再是对客观环境变化的反应，而成了对媒体营造的"拟态环境"的反应。

"拟态环境"和现实间，绝非镜像式的再现。麦当娜从《宛如处女》一炮爆红后，虽摆脱不了镜头的追踪，最终呈现在公众眼前的却只是象征性、表层的生活片段。我们能看到的只是一张时间缺位的静止画像。

时间只在亲近的人眼里真实流过。盖·里奇之前抱怨，麦姐为了回春，整天只顾着整形、健身、减肥，晚上还要搽一瓶售价500英镑的乳霜，然后再穿塑料紧身衣上床，只要是男人都受不了；英国《每日邮报》更指出，她是控制狂，只准家人喝米浆、吃谷物和有机蔬菜，不准看电视、报纸,盖·里奇过圣诞节想吃根香肠都不行。

分手后,被麦姐讥为"感情残障"的盖·里奇忍气吞声,78岁老父约翰·里奇可看不下去,回骂儿媳"像禽兽"!

如今,网友此举让时间走入了画像,观者仿佛金凯利扮演的楚门,从千万个镜头组成的世界里走出。

你好,欢迎来到真实世界。在这儿,时间最可怕,女人最易老。

叶 飙

阴谋论患者

这个时代患有阴谋论狂想症。解构简单事件时,我们肆意添加看似合理的逻辑,过度阐释的终点是含义模糊。

宏大如"9·11"。发生5年后,恐怖分子劫机撞楼的结论似乎毋庸置疑,却仍有一群顶尖科学家在2006年跳出来,坚持认为,"9·11"是美国政府一手导演的阴谋——双塔实际上被放置在内部的炸药炸毁。

骇人如萨达姆之死。2006年底,曾经的独裁者被推上绞刑架,不出几日,阴谋论便甚嚣尘上:受绞刑的是个替身?务虚者以眼神证之,情妇帕里苏拉说,"他的眼睛泄露了所有秘密";务实者以齿证之,一口白牙曾如皓月,怎会是眼前这个"龅牙萨"?

喧嚣如"艳照门"。和床头密照一同在去年春天缓缓流淌的，是无尽的阴谋迷雾。是陈生主动放出这些珍藏么？是床照众女中有人想爆红？也或者，有人看不惯谢家媳妇？

随着男主角远走北美、女主角闭门思过，"艳照门"的河水不再那么湍急，但上空的迷雾仍未散去。

阴谋论是不倒翁，阴谋论是鼻涕虫，阴谋论是无解的枷锁。你试图用事实的拳头去击破传言，却被受力后反转的它打倒；你想甩手不问，它却总是依附，不离不弃；你发现，俨然只能用更深的阴谋论来打开现有的枷锁，却在数次尝试后被捆得越来越紧。

"一切起源于一台硬盘。2009年春节期间，一个装着一些旅行用品以及一台硬盘的拎包出现在成都紫荆一间著名的慢摇酒吧里。一名深夜未归的客人捡到了这个包，并且在数天后将硬盘交到了《新潮》编辑部。我们在本期'娱乐圈'里看到的正是从这个硬盘中取出的一组照片。"

这是所谓阿娇在地震灾区行善照片流出的轨迹。本来，如此生硬的公关伎俩简直教人不齿，愚蠢得不值得质疑，连阳谋都算不上，更无法挤入阴谋的行列。

但事关阴谋论，逻辑总这么吊诡，阿娇和经纪人是否故意设计了如此弱智的情节，吸引公众的评头论足？难道她在"很傻很天真"中尝到了甜头？又或者，从头到尾她只是在演？阴谋又如一朵艳丽的恶花般盛开。

　　同样的逻辑延续到了"艳照门"一周年祭的今天。两大女主角的先后亮相是否相约？一嗔一痴，是真情实感，还是对比安排？将"很傻很天真"糅到字字句句里再度演出的阿娇，是又在等待诘难、寻找话题吗？

　　阴谋论假以传播的介质是什么？是现代世界四处蔓延的不安全感，还是永远眺望信息源的疏离感？生活在当下，我们都是阴谋论患者，迷雾四周萦绕，无法自拔。

叶　飙

第六章　生活秀

90后别嚣张，00后已经来了

　　串串4岁，要去坐地铁，要弹钢琴。串串5岁，要坐飞机去北京。串串20岁，要去美国学画画。串串30岁，要买别墅，和小舅舅凑在一起吹牛。串串60岁，就可以退休了，什么也不做。以上，是深圳的串串在3岁生日时制定的未来的人生规划。
　　深圳优越的物质条件和与国际化接轨的便利，营养的不只是00后的身高外型，也体现在思维和视野明显的超龄提升上。他们一个个都阅历丰富，对财富、恋爱、社会事件都已经初具个人观点和立场；他们注重个人形象，既充满表现欲，反对权威，又懂得维护自己的权利，00后的叛逆期可能会提前到来。但与90后不同，00后的"叛逆"只是有些超出社会的想象，但本质上是良性的，并且依然在控制之内。

同样在4岁的时候，如果大人向他们发出"现在坐在草地上"的指令，80后大约会毫无疑惑地去执行，90后可能会半挑衅地反问，为什么要坐下？00后钱一鸣的反应是，"这恐怕不行，我今天穿的是白裤子，弄脏了会很难洗。"连成年人或许都无法给出如此有立场但又实在无法辩驳的说辞。00后的反权威主张与90后的纯叛逆不同，他们是建立在理性思考的基础上。哪怕是对表扬，他们也不忘理性地质疑。

一年级学生对社会新闻和时事的关注度可能会令成年人吃惊。从"甲流"新增病例到台湾换总统、青少年网瘾症的治疗，周张弛总是家里第一个看完整份《南方都市报》的人，一边换衣服一边都在看报纸。他的理由很简单，如果不知道，就没办法加入同学的聊天话题。对时事的关注提升了00后的社会辨识能力，也初步建立了他们的世界观。

00后对责任感的重视也往往在成年人的意料之外，他们并不喜欢被当做弱势，与其做原本被照顾的角色，更乐于扮演照顾其他人的角色。通俗地说，就是所谓的太爱操心。4岁的韦沣城和爸爸去游泳，只要爸爸跨出浅水区的界线，他就立即宛如雷达般地发声："爸爸快回来，那里危险。"他和妈妈去散步，盯着妈妈半晌，然后不甚满意地开口："把外套穿上，会生病的。"很多时候，儿童处于弱势地位是因为家长没有给孩子机会来理解和展现对社会规则的认知,大人不相信孩子天身是具有自我管理的能力的。00后正在更改这一概念,可以预见,未来当他们进入职场,第一次的自我介绍一定不会是"我是新人,请大家多关照",而更可能是"我是新人,有需要尽管找我"。

周 吟

南方都市报

第七章 双城记

两座繁华的城市，一段交融的感情，同一片蓝天下，双城故事又要如何演绎？

地铁座位的故事

在深圳搭乘地铁的时候，经常会看到这样的情景：车门一开，站台上的乘客一拥而入，一排坐椅瞬间被占满，再细瞧座位上的客人，有些将身体倾斜倚坐霸位，有些把行李包放上座位——1人占双人座，哪怕下站再有乘客上车，行李依旧"坐好抚稳"，地铁的长椅一般是6人，当已经满员后，实然有位先生或女士，"半边屁股"放下来，边挤边说"太累了"，偶尔有人抱怨没位置了，得到的回应是，"哪里告诉你坐多少人了？"再抬头环望车厢，确实没有相关提示。

经常往来深港，在港也坐过不少次地铁，总是感觉秩序井然，基本没见到过占位的情况。记者渐渐意识到，香港地铁的坐椅与深圳不同，坐椅上都会用小间隔或花纹标志注明座位数量，乘客可以很自然很清晰地看到每张长椅的定员人数。而东铁线的车厢内座位的提示由原来变为暗字，没有突出的栏格，紧随待之的是在长椅上刻上四倍花纹，暗示每张坐椅可坐4人，坐椅的设计是个细节问题，但是它让乘客"不安分"乘客不好意思不安分了。

社会秩序的最终养成，是从最初的制度规定开始的，当时间长了，人们的遵守行为成为习惯，秩序也就慢慢养成了。而在地铁车厢这个人口稠密的地方，乘客都是本来初衷。就算车内拥满闷的文告示，也未必有人会注意到。假若满车厢都是涌窄窄挺，来不及变冷冰冰，香港铁的坐椅——个细节的设计，大家心领神会，长期下来，乘客们从被动遵守变为主动自觉。看到座位满员后就不会再挤前冲冲，得到仍有空位时自然腾出位置，车厢内的好秩序也随自然而然地形成并延续。

谁为穷人规划？

从2009年10月底开始，本报的大型公益项目《拯救城中村》大幕开启，60个城中村逐步走进读者的视线。作为参与报道的记者之一，我得有机会学习与每个城中村的前世，静下心来体验各个城中村的当下。理想和现实，历史和前景，相比之下，令人感叹，叹其兴，也叹其衰；叹其成，也叹其败。上攀那会儿，城市社会学的老师曾教育我们说，"谁为穷人规划？你们不要忘了这样的问题。"而今看来，对下深圳的城

第七章　双城记

地铁座位的故事

在深圳搭乘地铁的时候，经常会看到这样的情景：车门一开，站台上的乘客一拥而入，一排坐椅瞬间被占满，再细看座位上的客人，有些将身体倾斜倚坐霸位，有些把行李包放上座位——1人占双人座，哪怕下站再有乘客上车，行李依旧"坐好扶稳"。地铁的长椅一般定员6人，当已经满员后，突然有位先生或女士，"半边明月"放下来，边挤边说"太累了"，偶尔有人抱怨没位置了，得到的回应是，"哪里告诉你坐多少人了？"再抬头环望车厢，确实没有相关提示，便只能哑口无言，场面颇为尴尬。

经常往来深港，在港也坐了很多次地铁，总是感觉秩序井然，基本没见到过占位的情况。记者逐渐留意到，香港地铁的坐椅与深圳不同，坐椅上都会用小间隔或花纹标志注明座位数量,乘客可以很自然很清晰地看到每张长椅的定员人数。而东铁线的车厢内座位的提示由明示变为暗示,没有突出的拦格,取而待之的是在长椅上刻上四格花纹,暗示每张坐椅可坐4人。坐椅的设计是个细节问题,但是它让某些"不安分"乘客不好意思不安分了。

　　社会秩序的最终养成,是从最初的制度规定开始的,当时间长了,人们的遵守行为成为习惯,秩序也就慢慢形成了。而在地铁车厢这个人口稠密的地方,乘客都是来去匆匆,就算车内贴满明文告示,也未必有人会注意到。假若满车厢都是制度规定,未免变得冷冰冰,而港铁的坐椅一个细节的设计,大家就心领神会,长期下来,乘客们从被动遵守变为主动自觉,看到座位满员后就不会再往前冲冲冲,看到仍有空位时自然腾出位置,车厢内的好秩序也就自然而然地形成并延续。

陈颖镭

第七章 双城记

谁为穷人规划？

从2009年10月底开始，本报的大型公益项目《抢救城中村》大幕开启，60个城中村逐步走进读者的视野。作为参与报道的记者之一，难得有机会学习各个城中村的前世，静下心来体验各个城中村的当下。理想和现实，历史和前景，相比之下，令人感叹。叹其兴，也叹其衰；叹其成，也叹其败。上学那会儿，城市社会学的老师曾教育我们说："谁为穷人规划？你们不要忘了这样的问题。"而今看来，对于深圳的城中村改造，问题同样有效。

污水横流、垃圾成堆、火险常有、案件频发，在政府眼里，城中村成为欲除之而后快的眼中钉、肉中刺。CBD、商业街、高档小区、大型商场，在开发商眼里，城中村成了最后一块待开发的处女地。于是，千百座平房倒下去，一栋栋高楼立起来。外来者黯然离去，为明天的住所担忧。原住民欢欣鼓舞，盆满钵满。

或推倒重来，或局部改造，或综合治理，转眼间城中村成了大工地。"在持续增长的经济影响下，在国力上升的狂喜中，人们早已忘记了穷人的经济学。"建筑学者欧宁曾坦言，"受害者总是那些生活在下层的穷人。"譬如在我去过的樟树布村，在那片唯一的瓦房片区里，本地村民罗阿婆和外来务工者黄贵玲就心情迥异。一个盼星星盼月亮地指望着早点拆迁改造，住上明亮宽敞的新房。一个满怀忐忑、喃喃自语道："哪里再去找这么便宜的房子？"

城中村是深圳烟火气最浓的地方，婀娜多姿的女子、张罗吆喝的小贩、嬉戏打闹的孩童、满头银发的老者，这里是外来者深爱的市井天堂。城中村改造中，只有政府、当地村民和开发商的博弈，没人征求这些来深圳建设者的意见。早些年，几个北大的学生去城中村调研，报告中的一句话令人玩味："这些人在村子里是失语状态，他们唯一能够表达他们存在的方式就是犯罪。"

在香港的弥敦道，我们现在所诟病的城中村问题，在那里大同小异，但保留至今。据说渔农村改造的目标之一，是给香港人过境之后一个焕然一新的形象，但是内地人去香港之后,迎面而来的却恰恰是城中村。在世界各地,国际大都市纷纷都保留着低收入阶层生活的城中村,成为广大低收入阶层的聚集地。而在深圳轰轰烈烈的改造中,城中村或许将退出历史舞台,生活成本的增加将更多的来深圳务工的穷人拒之门外。失去了多元的文化,丢掉了包容的性格,那个时候,深圳还会是深圳吗?

郭启明

丈母娘们,深圳多金的女婿还很多

有个故事,虽然我已经八卦给我的同事听,可是我总觉得只有八卦给天下人听,这样我脆弱而又矛盾的心理才能得到极大的满足。

2009年9月,去了一个楼盘开盘现场,首先说明,那个楼盘的房子每套平均总价是500万元。我猜想到场的大部分人应该是40岁以上才正常,事实也差不多,现场虽然有一些90后的孩子,可是大多是随着父母去的。我还采访到一位年龄估计也不到30岁的男子,他对价格和总价完全没啥感觉,但是他身边坐了一排,整整一个家族一起去的,我猜想是他父母买房,所以没多问。

后来我就换了个位置坐,前面有个年轻的MM吸引了我的视线,那绝对是个80后的MM,看上去十分年轻,打扮时尚，属于美女型，问题是她旁边坐的，也是一年轻小生哦，两个人看上去年轻得我都不敢肯定他们是否已婚。这500万的房子，和他们会有关系吗？

他们正在吃东西，我想要不要打扰，不过，后来我八卦的心理还是占了上风。我蹭到他们正后面，问，你们是自己买房？"是！"他们回答得干脆利落。我不甘心，可能我这个穷人就属于没钱却超级好奇类型，于是继续问："那你们是第一次给自己买房子？""不是，买给父母住。"女孩的回答让我的嘴巴直接变成了一个"O"字形。这个房子最小户型172平方米，买个172平方米、500万的房子居然是给父母住，从事地产记者这么多年，我很怀疑自己积累的经验和专业知识是否出了问题。

好吧，他们没必要和我开玩笑，事实如此，我们继续聊，女孩又告诉我，他们住南山，具体哪里我就懒得问了，敢买个500万的房子给父母住的，不是住在波托菲诺就是红树湾那几个豪宅里面，基本不会错。我惊讶的是，女孩和我说，这个房子不带装修，她很犹豫是否要买，前段他们刚买下的华润幸福里，装修就很好，要是这个房子带装修就会毫不犹豫买。幸福里！那个房子的顶楼，百万年薪的人一年都只能挣到一个厕所，其余楼层每一套至少也是要四五百万的，一般白领估计一辈子的努力也都无法买到。这对年轻人，他们是如此的多金，多到我无法理解。采访的最后，我八卦地问了问他们从事的行业，得到的结果是"金融业"。

自从贾君鹏之后，房地产近期流行的估计就是中国房地产协会副会长顾云昌说的丈母娘是"特刚需"的论调。他的解释是因为女孩都要有房之后才结婚，未婚男青年是刚需，丈母娘才是"特刚需"。有了我遇到的事情之后，我很想对这些属于"特刚需"的丈母娘们大喊一句，丈母娘们，深圳有钱多金的女婿还很多，叫你们的女儿们放马过来吧！不过后面要悄悄说一句，记得看好你女婿的行业——金融业！

这是真的，金融行业的老大中信证券刚宣布将总部搬到深圳，就传出他们要在某楼盘团购几个亿的豪宅，有钱多金又有才的金融行业的年轻人就在那里，丈母娘们赶紧去中信证券新总部大楼守候吧。至于我们报社那些单身的叫穷的，还有工资才几千的男白领们，丈母娘们嫁不出去的女儿才会在等你们！

李孟姣

第七章　　双城记

过往

最近关于工厂关门、老板欠薪的报道很多,虽然深圳没有出现大规模返乡潮。但是经过火车站、汽车站,会看到不少打工者模样的人,拎着大包小包。我在想,当他们即将离开这个生活多年的城市时,是否回望街上依旧的车水马龙,理一理那复杂的思绪?

2009年,在一次采访中,我找到了南山一个著名的传统工业区,见到了一群打工仔打工妹。他们所在的工厂倒闭了,其他的员工都已经离开了,只剩下的五六个来自四川的员工,一直留在宿舍不肯离去,直到政府帮他们要回那2000多元的薪水为止。所以在2个星期的时间里,他们不敢出去找工作,也不敢回老家,用自己的生活费坚持生活着。

他们算是第二代打工者,因为他们年龄偏小,最大的阿齐今年不满20岁，最小的还没满17岁，而且都至少是初中文化。虽然在装扮上看，已经和上一辈的打工者有着天壤之别，但是他们和父辈一样，依然是带着青春的朝气，带着对城市最美好最单纯的向往就来了。然而现实终归是现实，他们对于深圳几乎没有完整的印象，因为来深圳的日子里，不是在不同的工厂换来换去找工作，就是黑白颠倒地加班。只有休息日的晚上，坐在公交车上，看着窗外的闪烁的霓虹灯，才意识到自己原来已经生活在一座现代化的城市里。而他们对于深圳，存在的时候，就常用陌生的工号代替了他们的姓名，即便离开，也马上被新一茬的人流所替代，几乎留不下任何痕迹。

谈起未来，他们感到茫然。忙碌的日子里他们没时间设想未来。即使想，也就像阿齐描述的那样，打工赚钱，攒几年钱，在老家盖房子，娶媳妇，生孩子，他们并不奢求这个城市属于他们，但是好歹也能找个狭隘的空间，让他们默默地安全地存在着。如果没有这场风暴，他们的人生设计几乎是平稳而完美的。可是这点微弱的希望就此破灭了，他们突然发现，连最后的一点空间也不剩了，他们必须马上离开，重新开辟新的人生之路。阿齐说，觉得这几年他们一直在做一场混沌的梦，既没有童年时候的纯真，也不像自己所

第七章　双城记

希望的那样绚烂，梦里一片空白。当梦醒了，却发现更加空白，不知道出口在哪里。

还好这一代打工者都年轻，所以还能信心满满地说，天下之大，总有容身之地。还好他们都多少受到过教育，所以他们懂得靠双手生存的道理。即便他们狠狠地说再也不踏入这个城市半步，但从他们的神态里，依然看得出对这个城市的留恋。

套用一下那首著名的诗，他们装饰了这个城市，城市装点了他们的梦。梦醒了，发现只是彼此的过往。哪怕只是过往，也是他们青春最难抚平的岁月。

刘　凡

高官效应

2009年7月20日,深圳一新上任高官说了著名的一段话:"领导干部很少坐出租车吧。我昨天坐出租车,皮套是黑黑的,有烟头烧的洞,脚下是脏的。还有百姓跟我反映,因为的士交接班,下午五六点钟很难打到车。深圳能否创新一下,错峰交班?机场还有黑车(蓝牌车)拉客。这些细节问题,不深入基层,很难发现。"

谁也没想到就这一段话,引发了深圳出租车行业的"强烈地震"。在此后的几天内,深圳26000名出租车司机都忙活了起来,他们签订承诺书,承诺不在高峰期交接班。当然,交通主管部门更忙,在高官说此话当天就连夜起草文件下发整个行业,严厉程度前所未有,"凡是不执行错峰交接班的司机将被清除出行业,三年内不得从事该行业",出租车企业是这次"地震"中的中坚力量,他们要确保每个司机都心悦诚服地更改自己多年来的习惯,余震至今仍在继续。

深圳市出租车缘起为香港人服务,因此车容车貌在全国来说都走在前列。但显然和上海出租车司机统一的白手套风格不同,因此,从长三角调任的高官很可能第一次在深圳坐出租车就强烈体会到了"差距"。

记者在采访中听了来自方方面面的意见,有私下里说的,也有说场面话的,但大体都会赞同高官的亲民作风,"他能打车,挺不错",但末了总跟上这一句话:"他还不太了解情况。"什么情况呢?深圳的出租车问题绝对不是一个交接班时间那么简单,从牌照拍卖,到承包体制,再到司机们的生存状况,环环相扣。2006年深圳曾经执行过错峰交接班,却在一个月后恢复原状,原因何在?根本问题没有得到解决时,表象如何能够根治。老百姓都明白的简单道理,难道从事多年的行业主管部门不明白吗?当然更清楚,但为何还要在根本问题未得到解决时,以强制手段解决表面问题呢。或许这一切都源于高官效应。有的哥曾私下里告诉记者,等这阵风过了,还会改回原来的交班习惯,为什么?承包制度就是这样的,社会责任感总不能变成中午的盒饭。

其实，高官效应不止一次地出现在我们的身边，还记得几年前深圳一高官投诉公交车不干净，深圳就刮起了一阵公交车百日清洁行动，只是这次换了主角换了对象。高官效应折射出中国官场最基本的潜规则。这样的结果也许连高官自己也没有想到，但事实就是如此。

任笑一

第七章　双城记

最年轻的爸爸，最无助的心

　　2009年2月，13岁的英国少年阿尔菲与15岁的少女生下婴儿的新闻，相信是当时最令人震惊的社会新闻，两个孩子抱着婴儿打游戏的图片让人既可叹又可怜。这令我想起了曾经采访却未见诸报端的深圳少男少女。

　　大概是2005年，因为要了解留守儿童的情况，我采访了深圳一个中学的骆老师，他是德育老师，同时也负责学校的学生心理咨询工作，对于中学生的家庭与心理情况有很深入的了解。在他看来，留守儿童分为两种，一种是我们所知的外来务工人员留在家乡的孩子，一种则是本地的"留守"儿童——父母在香港或国内外忙生意，常年出差，只有周末回家照看，或者经济条件好的家庭认为深圳的教育条件好，将孩子寄养在深圳亲戚家中。

如果说外来务工人员因为经济等各方面的条件所限，无奈地将孩子留在家乡，那么，深圳本地的留守儿童家庭则是主动选择了让孩子留守，甚至还没有意识到自己的孩子已经"留守"了。在深圳这样一个压力大、节奏快的国际化城市里，这样家庭的父母当然也有自己的理由与苦衷。只是，现实中的情况，远比他们所知道的更严重。

骆老师给我讲了几个他亲自处理的真实案例，其中有一位漂亮且乖巧的初中女生，父母的工作重心都在香港，女生从与其他女生结拜姐妹，到与男孩同居，最后发展到随随便便就可以找个男孩上床，她的母亲宁愿花10万元请家庭教师、请心理医生，就是下不了决心放弃一点赚钱的机会回到孩子身边，等到发现一切，已经无可挽回。还有一位女生的父母也常年在香港做生意，有一次，她的父亲照例回家看望女儿后再次赴港，到了口岸发现有东西忘拿转头去取，回到家中发现了惊人的一幕：女儿正和两个男孩在家中玩性游戏！

骆老师告诉我，孩子在未成年时需要情感依靠，父母不在身边会造成留守儿童在心理上有一种被抛弃的感觉，这种情感纽带的断裂是亲戚朋友的爱无法弥补的，孩子们对爱的缺失，会从其他方面寻找，男孩子表现为抽烟、打架、上酒吧，甚至吸毒，女孩则主要是早恋。

第七章　双城记

在深圳的留守儿童家庭里，有半数左右都属于中产阶层，有相当一部分父母都在香港工作，留守问题往往不是因为贫穷，恰恰是富裕。可见，经济问题并不是孩子出现问题的根本原因，关键在于父母的爱与责任。所以，再看关于阿尔菲的新闻，仔细体会其父母的所作所为，早孕这种事会发生在这个英国少年的身上，就一点也不奇怪了。

刘晓燕

违建为什么爱玩"躲猫猫"

和违建开始打交道,是在深圳人大2009年6月发布了有关历史遗留违法建筑问题的一份决定之后,在我还没意识到这份决定的真正意义时,网络上有关深圳小产权房要转正的消息,便已经铺天盖地地杀了过来。

在强大的舆论导向面前,一个月之内,身边的三个同行闪电般地购买了各自的小产权房,面对三四千一平方米的房价,有那么一阵子,我也忍不住动了心思,在考虑房子倒手会不会面临被拆除诸如此类的风险时,几乎所有人都明确地劝慰我:拆除不足为惧。"有个窍门,你要先查规划,凡是规划里面有路穿过的地方,附近的房子肯定都不会拆!"一位公务员系统的朋友向我传授心得。

小产权房的落脚点是违建,这在深圳几乎是人尽皆知的事情，但对这个"违法"的产物，大家谈论起来却丝毫未见任何触犯了法律的担忧以及畏惧。

违建的合法存在，已经成为城市中心照不宣的潜规则，谁来动？如何动？弄得不好把一个烫手的山芋捧在手中，决策者不会没考虑过向违建动刀子的种种后果。不过这次的处理违建，看气势，似乎是又要动真格的，但问题是，政府在各种场合下表达的治理违建的决心不可谓不大，但违建利益群体的心理承受力，却似乎在多次的治理刺激中日渐审美疲劳，对法不责众心存侥幸。在采访中，几乎所有接触到的违建业主、小产权房买卖者，都清一色地认为，和以往无数次经历过的与政府的"躲猫猫"一样，这次的查违也不会有什么不同，一阵风过去后，躲避完风头的利益链条，都还会重新浮上水面。

二十多年来，深圳的违建已经习惯了玩躲猫猫，而每次你查我躲的博弈背后，最终的胜利者都是逃过了一劫的法律破坏者。一方面，法律不断地被打破，而其结果是，法律并未向这些打破规则者显示出其应有的威慑力。另一方面，管理者不断强调要堵塞违建的渠道，却不知道自己手中拿着的武器，在对方看来，早已经失去了效力。

"躲猫猫"游戏反复上演的背后，值得追问的是，究竟是让大家遵守的法律本身就违背了市场规律、生存规律的科学性？还是执行法律的过程中，过多潜规则交织起来的种种漏洞，让有关违建的桩桩件件，最终永远只能是一阵风的游戏？

王 莹

第七章　双城记

与的哥的聊天生活

深圳市有两万多人是开出租车的,我几乎每天都跟他们见面、聊天、扯淡。跟他们聊的天太多,以至于我都记不清是些什么内容。很少有人比他们更了解这座城市,每天的穿梭,很少有他们没有去过的地方。

他们对这城市也有很多看法,有好有坏,也有麻木没感觉的。但不管怎样,压力都是实实在在的,每个月一万多的月租首先得挣够了。有位的士司机拿出很久以前的一句话调侃:"交足国家的,留够集体的,剩下都是自己的。"

话虽如此,司机无奈。从我来深圳第一天就听到他们滔滔不绝地谈论"茶水费",直到现在很少公司再收"茶水费"。取消"茶水费"靠的不是别的,而是日益黯淡的经济形势。当前出租车行业吃紧的形势下,深圳主管部门终于主动出击,正在和公司、司机"共度时艰"。前些天,政府和公司好心地给他们送去了油和米。而另一方面,公司通过GPS通讯系统给他们发来信息,让司机们"认清形势",不要妄动,也不能不动,否则后果严重,甚至涉及刑事责任云云。历史和现实纵横交错的局面下,深圳的哥们的心态微妙而复杂,无法言表。

虽说这是个自由市场,但总的来说,我感觉到的一直是他们的无奈。今年年初"茶水费"导致的停运风波频发的时候,一位司机的好多老乡在追讨水费,而他曾经帮老乡们联络"交费"事宜,在公司否认的时候,他挺身而出,愿意为老乡作证。半年后打车的时候碰到这位老兄,他心灰意冷:这是他们想离开这里的征兆,否则不会轻易去追讨这些东西,虽然那是属于他们的权利。

但有一个巡防员从2008年6月份到现在,都没能把这笔钱追讨回来。开始劳动仲裁判决公司赔付给他约2万块钱,继而公司起诉到法院,一番审理之后金额减至5000多元。但即便这笔少了很多的钱,他们也没能如愿拿到。公司继续上诉到中院。整个劳动争议的法律程序,到现在还没走完,已经过去了5个多月。他们耗不起时间和精力。

即便在漫长的法律程序之后,公司能给他们一个合理赔偿,也往往让他们疲惫不堪,得不偿失。这种恐惧让他们进退两难。留下,是一份难以真正养家的差事;走了,能拿到多少赔偿,又成了问题。

杨 涛

"房事"过度的后遗症

房事就像乐曲,讲究个节奏,得有前戏为引,再经波峰波谷的回味,最后在逐渐的冲击中达到高潮。但深圳的"房事"如毛头小伙,或者是老汉一不小心吃点春药,完全不懂得节奏,急急忙忙、毛毛躁躁,一下子就直接进入高潮,然后也不懂得细细品味,一头扎进谷底,弄得无数人还没找到感觉,发现已经站在高坎上,跳下去是马上摔死,不跳,则被"负资产"慢慢地缠死,于是深圳又创造了一个新词——"断供"。

易宪容老先生可能太善良,或者因为身处京城之深,不食人间烟火,所以不太相信世上有多少炒家存在的,于是他说了——断供,没这档子事,倒是身处水深火热之中的深圳大学国世平教授知道深圳"炒家"的厉害,知道这些赚饱了的主啥事都能干出来,满怀好心地提醒银行得留点神了。

炒家为了这"房事"也是经历了冰火两重天,早前风光之时,拿着大把的钞票四处出击,是多么的坚挺,所到之处莫不被当地人惊呼"狼来了"。深圳炒房客的确有钱,买房就像买白菜,一买就是一层。

转眼间时过境迁,两年不到的2008年底,已是一泄如注,萎靡不振,如今谁要是炒家,相当于问他是否持有了"中石油",你是炒家吗?你才是炒家呢,你全家都是炒家。古时的大不幸是娶妻娶石女,当下的大不幸则是炒房炒成房东,还要在前面冠以"大"——一个手上有七八上十套房的大房东,恨不得见人就问:你要租房吗,你要租房吗?租吧,租吧,不租我就要被银行活活吹(催)死了。

银行可不是慈善家,国教授无疑是好心人,看着炒家被折磨得七荤八素,气若游丝,建议银行发发善心,给宽限几年,可银行人家说了:救你?门都没有。特别是这种一看就已经撑不住的主,救了也是白搭,宽了是枉然,还增加了风险,还是直接拍卖收楼省事。这架势就已经摆明了,金融海啸呛不呛死你,我才不管了。诸位看明白了,这就是"房事"过度的后果,诸位切记切记。

张国栋

关于默哀

2009年5月12日14时28分,低头默哀还是不露声色,这是个问题。

几乎所有记者倾巢而出,分布在深圳的各个角落,试图准确记录城市在这一分钟的脉搏强弱。路上,总难免想起去年的5月19日,那一分钟里,万笛齐鸣,悲恸凝固在空气里,随后升华。

而这次不同。14时刚过,行走在大街上,气氛与往日无异。来到派驻的岗位,某汽车站。候车厅熙攘,人来人往,多数人目光涣散,只有中央区域特别——20多位穿制服者正忙着列队,身后的大屏幕提醒,地震一周年到了——熟悉。

去年5月19日这个时候,在某四川方面驻深机构,也是同样的气场，在场的人们仿佛等待着在指挥下表达悲伤。多年学校、社会教育后不再习惯自如地抒发情感？谁也不知道。有人俨然如起跑前的运动员，看得出，在情绪上默默等待着时间的临近，在汽笛终于到来的那一刻，分毫不差地呈现出悲伤的面容。

眼前的人们终于列好了队。27分，开始沉默。28分，有人宣布"默哀开始"，整齐地低下了头。

表情并不一致。维持，这种状态俨然是主流，多数人维持着五官紧绷的面孔，肃穆站立，面无表情，等待着3分钟默哀时间流过。也有动情的。人群里，一位老大姐从默不作声到泪湿满襟，只用了50秒。眼泪流得悄无声息，却苍劲地在脸上成河，她只得小心地抬起手来抹。

她是广东人，并无亲友在川，只是想起了十万同胞的遭遇，她心头一酸，我心头却一暖。

与同事们汇总，不少人一无所获。在东门，靓妞照旧傍富，旺铺依然招租，热闹如故；在罗湖，进出的深港人士不曾放慢脚步；川人聚集处，也无亮点，肢体上默哀的，多数在指挥下进行——莲花山上，有公司将全体员工载来默哀；机构之中，工作人员被组织到电视机前默哀。

街头却缺少发现。除了零星几辆汽车摁响喇叭外，路人多数行色匆匆，被问及时，倒少有人忘了这层伤痛。为什么不停下步伐，无声悼念一会儿呢？面对问题，常收到一脸尴尬。

深圳人绝不缺少情感，只是当指挥缺位的时候，他们似乎遍寻不到了表达悲伤的节奏。也许不仅深圳人，情感的自然流露，对国人都非易事？

低头默哀，还是不露声色，不仅是个问题，还是个尴尬的问题。

叶 飙

第七章　双城记

你把深圳当家园了吗？

2009年12月，当豆瓣网上出现深圳美化家园小组的时候，家园，这个词开始与深圳并列，这是一个值得引起注意的信号。以移民为基础的深圳人已经有家园意识了吗？

固然，当你回到故乡的时候，会有种这里是我的地盘，有种成长期归属感。不过如果在马路上看到有人随地吐痰，却也并不十分想要去指责。内地老城属于自己的漫长历史和强大人文背景，让人觉得不可以轻易动摇。但在深圳看到同样的事，更容易让人义愤填膺和有干预的冲动。因为我一直在参与这座城市的建设，这就是我的城市，我有能力影响它的进化。这可能就是深圳式的家园心态。

还记得2000年左右深南大道修路的时候，上海宾馆一段的路面刚铺好，恰逢下雨，那天至少有100个路人在那路上摔倒，因为铺的材料太好，过于光滑。结果，第二天，路面材料全部被拆掉，改换不滑的材料。因为许多市民去反映情况。在这个城市里，每个人对它的建设是有发言权的。

小区旁的水泥马路被换成沥青路面，修路工人解释说因为水泥路的车辆通行声音太大，吵到小区居民。宜居意识再次占了上风。

梧桐山上，一群游客随地丢垃圾，立刻有人上前理论，并且有人开始沿途捡垃圾。

有时候，抱怨深圳不适合生活，没有人情味，没有归属感的人，或者是因为本身并没有先付出自己的情感。

但一方面深圳人的维权意识之强有目共睹，公车上有人多拿几张车票都会被不相干的乘客制止，全国第一个维权小区就产自深圳。而另一方面，深圳人也更自我而谨慎。由民间艺术家伽蓝发起的"美化家园"——用涂鸦给烂尾楼、街道、小区"化妆"的义工活动并没有现象中那样顺利进行，屡屡被放鸽子。没有图案的白墙虽然不那么好看，但也不会出错，一旦被涂上颜色，问题就会接踵而来：一面彩色的墙壁会不会影响整体规划？有颜色的车库通道会不会妨碍开车视线？涂在建筑工地外围会不会太招摇，客人不喜欢就不买房了怎么办？不涂墙又没有什么损失？还是别涂更稳妥。利益既得者们不愿意为看不到任何好处的行为承担有可能出现的麻烦。

"我们当然也可以像早期的游击涂鸦分子那样,晚上偷偷去把烂尾楼的墙壁刷了,但这样做依然没有令'美化家园'被社会承认,对深圳人的美化家园意识也没有任何提升,这件事也失去了意义。"伽蓝在小组活动贴标题中加上了"长期"两个字,无论需要多久时间,她仍希望有一天能够被允许公开地去涂墙。人们已经开始把深圳当家园,但深圳,是否也已经准备好了呢?

周　吟

为人开门的乞者

2009年7月,福田口岸新辟了一个的士上下客区,交通秩序规范了许多,但同时竟出现一个特殊的团体——开门族。不知如此称呼是否合适,反正就是一群乞者,看到的士载客而至,赶忙冲过去开门。乘客还没反应过来,钱罐子已经伸过来了。

自从新的载客区投入使用,本人几乎每次打的至此都会"中招",自觉颇为尴尬。其一,本人确实无此需要,自己行李不多,行动尚能自理,完全可以自己开门。再者,即使从人道主义角度,这些帮人开门的都是年迈的乞者,我辈平凡小青年,心中尚感不安。

结果,每次下车来,只能乖乖奉上一点零钱。

笔者的意思,并非一定要对乞者"赶尽杀绝"。对于乞者的态度，正可反映一个城市的精神。只是觉得在乞讨的方式上，是否可以不带强加性？盖这些乞者的做法，无非是想让"享受"到服务的人心中不安，进而施以"报答"。

类似的做法，包括一些人手持鸡毛掸子守在路口。一旦过往车辆停下等灯，立马上前给车辆掸尘，"我掸尘，你给小费"，似乎就天经地义了。

外国的城市，常可见街头表演而行乞者，这甚至成为一道风景。在香港的街头，则不时会见到一些年迈的妇女蹲坐在角落，面前摆放几束鲜花或者小植物，上有标价，行人可自助完成交易。

对于这些老妇，决不可定性为"乞者"。她们俨然是和路人平等地交易。但私下揣度，我认为还是会有人怀着"帮助"之心去购买他们的产品。

相比之下，前述两种带"强加性"的方式，是否应该改变呢？

庄树雄

图书在版编目（CIP）数据

记者不写新闻：南方都市报新闻人的麻辣手记/陈文定主编.
—北京：中央编译出版社，2010.3
ISBN 978-7-5117-0204-3

Ⅰ.①记… Ⅱ.①陈… Ⅲ.①记者－新闻工作－文集 Ⅳ.①G214.2-53

中国版本图书馆CIP数据核字(2010)第034137号

记者不写新闻：南方都市报新闻人的麻辣手记

出 版 人	和 龑
责任编辑	盛菊艳
责任印制	尹 珺
出版发行	中央编译出版社
地　　址	北京西单西斜街36号（100032）
电　　话	（010）66509360（总编室）　（010）66509246（编辑室）
	（010）66509364（发行部）　（010）66509618（读者服务部）
网　　址	http://www.cctpbook.com
经　　销	全国新华书店
印　　刷	北京金秋豪印刷有限责任公司
开　　本	880×1230毫米　1/32
字　　数	100千字
印　　张	8.875
版　　次	2010年4月第1版第1次印刷
定　　价	28.00元

本社常年法律顾问：北京大成律师事务所首席顾问律师　鲁哈达
凡有印装质量问题，本社负责调换。电话：（010）66509618